공동체의 감수성

공동체의
감수성

●

●

공동체의 본질에 던지는 일곱 가지 질문

●

구현주 지음

북인더갭
BOOKintheGAP

책머리에

연구자와 활동가 그 사이 어디쯤 나는 서 있다. 시민사회 현장에서 십여 년 일했고, 지금은 사회운동에 대한 연구를 하고 있다. 활동가로 일할 때 현장에서의 활동을 정리하고 해석하는 작업에 학계 전문가들의 손을 빌리는 일이 종종 있었는데, 나는 때로 아쉬움을 느꼈다. 전문가의 이론적 접근이 현장에서 직접 부딪히고 고민하는 활동가의 경험을 깊이 있게 반영하지 못하기도 했고, 탁월한 학술적 해석이 활동 영역에 제대로 전달되지 못할 때도 있었기 때문이다. 현장을 제일 잘 아는 사람은 활동가이지만, 현장을 잘 해석하기 위해서는 한 걸음 뒤에 있는 연구자의 시선이 필요하다. 그리고 연구자의 해석이 다시 활동가에게 전해져 활동가와 연구자가 소통할 수 있어야 한다. 연구의 대상이 단지 사회 현장일 뿐이고 연구자들의 논의가 현장에 전혀 전달되지 않는다면, 그것은 무엇을 위한 지식일까? 현장에서 일하며 나는 활동-이론, 두 영역을 연결하고 서로의 상황과 언어를 잘 전달할 필요를 느꼈다. 내가 다시 공부를 시작한 이유도 "진정한 지식은 반드시 소통할 수 있어야 한다" Real knowledge ought to be communicable[1]는 미국의 사회학자 랜들 콜린스 Randall Collins 의 말처럼 경계를 넘나들며 서로를 통역하기 위해서였다.

이 책은 공동체의 이론과 현장을 연결하는 시도다. 정책 이론의 레토릭과 현장의 다양한 결과들이 혼재된 마을공동체 만들기 사업을 이해하고자 하는 이들, 특히 현장은 왜 이론처럼 되지 않는지 답답해하는 활동가들에게, 그리고 사업 현장의 이면을 들추어볼 기회가 없었던 연구자들에게 조금이나마 도움이 되길 바란다. 또한 '공동체'라는 주제를 불편하고 식상하게 (혹은 막연히 좋다고) 느끼는 이들의 공동체 감수성을 깨우는 계기가 되었으면 한다.

본문은 누군가에게는 경험하지 못해 생소한 공동체, 다른

---

1. Collins, Randall. (1992) *Sociological Insight: An Introduction to Non-obvious Sociology*. (2nd ed). Oxford University Press, Inc. preface.

누군가에게는 너무나도 당연하고 익숙한 공동체에 던지는 일곱 가지 질문으로 구성되었다. 나는 독자들이 명쾌한 답을 찾기보다 더 많은 질문을 품었으면 한다. 공동체를 다시금 느끼고 이해하고 받아들이는 공동체의 감수성이 이 책을 덮고 난 이후에도 계속되길 바라기 때문이다.

눈치 보지 말고 더 과감하게 비판적 글쓰기를 하라는 이종구 선생님의 격려로 글을 쓸 수 있었다(이종구 선생님은 스스로를 '경계인'이라 이름 붙이시는, 경계 넘기의 선배님이시기도 하다). 마을공동체 만들기에 대한 관심은 석사논문부터 시작되었는데, 김경일 선생님 덕분에 연구의 내용과 해석에 조금이나마 깊이를 더할 수 있었다('조금이나마'가 될 수밖에 없었던 것은 내 한계 탓이다). 현장의 이야기를 진솔하게 보여주고 들려준 익명의 연구 참여자들(진정한 저자는 이분들이다), 정제되지 않은 원고를 먼저 읽고 조언을 아끼지 않은 동료들께 감사드린다. 어쭙잖은 글로 종이 쓰레기나 더 만들어낼까 싶어 망설이는 나에게 용기를 주었던 가족과 친구들, 그리고 책을 쓰는 동안 어떻게 되어가는지 이 책의 안부를 물어준 이들에게도 인사를 전한다. 북인더갭의 안병률 대표님, 김남순 실장님께서는 책의 기획부터 끝까지 촘촘하고 든든하게 함께해주셨다.

이렇게 수많은 분의 관심과 애정 속에서 함께 만들어진 책
이지만, 여전히 보이는 부족함은 온전히 나의 몫이다. 현장
의 운동이 다양한 시도 속에서 성숙해지듯, 미숙한 나의 글
쓰기도 언젠가는 깊어졌으면 좋겠다. 그리고 당장의 부족함
은 독자들의 비판적 읽기로 채워질 수 있기를 기대한다.

차례

3장_ 공동체를 만들면 민주주의도 발전할까?

4장_ 공론장을 자연스럽게 만들 수 있을까?

들어가며

공동체는 왜 어려울까?

| 그래서, '공동체'가 뭔가요? |

　한 워크숍에서 있었던 일이다. 시민단체가 주최하고 중견기업 6곳의 임원들이 참석해 초고령사회를 주제로 논의하는 자리였다. 전체 인구 5명 중 1명이 노인인 사회를 그저 '문제' 상황으로만 받아들일 게 아니라, 고령친화적 지역사회^Age-friendly Community 관점에서 미래사회를 디자인해보자는 취지였다. 참여자들은 일본의 한 대학 연구소의 보고서를 미리 읽어왔고, 이날은 복지 전공 교수님의 강의를 한차례 들은 후 토론시간을 가졌다. 그때 한 참여자가 질문을 던졌다.

　"그래서, 우리가 이야기하고 있는 커뮤니티가 뭔가요?"

　커뮤니티가 너무 추상적이어서 명확하게 이해하기 어렵다는 질문에 제대로 답하는 참여자는 아무도 없었다. 강사로 왔던 교수님이 설명하며 일단락되었지만, 질문자가 해답을 얻은 표정은 아니었던 것으로 기억한다. 10년 정도 시민사회 단체에서 일했던 나에게는 이 장면이 꽤 충격적이었다. 어떻게 커뮤니티에 대한 심상이 없을 수가 있는지 나는 오히려 질문자가 이해되지 않았다.

의문이 풀린 것은 몇 년이 지나, 한 50대 여성과 차를 마시면서였다. 그분의 전공은 소비자학이고 여러 단체와 기관을 경험하셨는데, 직장을 옮기고 얼마 되지 않아서 만난 자리였다.

"여기서 일하기 전에 몇 달 일을 쉬었는데, 너무 좋더라고요. 해가 쨍쨍한 낮에 동네를 걷는데, 몇 년을 살았던 동네에서 안 보이던 것들이 보이더라고요. 새로운 경험이었어요."

해가 떠 있는 동안 동네를 떠나 있는 사람에게 커뮤니티, 지역사회, 공동체와 같은 말이 이해되지 않을 수 있다는 것을 나는 그제야 알았다.[2]

굳이 유난스러운 각오를 하고 집 밖을 나서지 않아도 된다. 내가 사는 지역 곳곳을 거닐다가 자주 가는 카페가 생기고, 포장을 예쁘게 하는 꽃집을 발견하고, 세탁소 앞 평상에 자주 앉는 어르신의 얼굴이 눈에 익고, 유난히 담배꽁초가 많이 떨어져 있는 전봇대가 눈에 들어오면, 내가 머물며 거니는 자리가 커뮤니티라는 것을 그리 어렵지 않게 알게 된다. 지역사회나 공동체로 번역되는 커뮤니티는 행정권역으로 구분될 수만은 없다. 과

---

2. 커뮤니티(community)는 우리말 '공동체'로 번역된다. 본문에서처럼 '지역사회'로 번역되어 쓰일 때에는 한정된 지역적 공간에서의 공동체를 의미한다. 공동체의 지역성에 대해서는 2장에서 살펴볼 것이다.

거의 흔적과 오늘이 만나고, 사람과 공간이 다양하게 교차하는 삶의 자리이기 때문이다.

그러니 동네를 거닐어보지 않았던 사람이 커뮤니티가 무엇인지 이해한다는 것은 어려운 일일 수 있다. 워크숍에서 '커뮤니티가 무엇인가'를 질문했던 그분이 이해되면서, 문득 깨달았다. 지역사회, 공동체, 사회운동, 이런 내용을 온종일 보는 나도 정작 내가 사는 동네의 변화는 기사나 사례집에서 확인하고 있었다. 그래서 지금부터 할 '공동체'에 대한 이야기는 우리에게 한없이 친근하면서도 한편으로는 낯설고 어려운 내용일지 모른다.

공동체를 경험하기 어려운 이유

'공동체'라는 말을 꺼낼 때, 사람들의 반응은 몇 가지로 갈린다. 어떤 사람들은 따뜻하고 그리운 고향이나 전원적이고 목가적인 농촌 풍경을 떠올린다. 이들에게 공동체는 정지용 시인의 시구처럼('차마 꿈엔들 잊힐 리야') 향수가 짙게 느껴지는 단어다. 정반대 온도로 반응하는 사람들도 있다. 이들은 '저는 공동체 별로 안 좋아합니다'라고 말한다. 공동체를 강조하다보면 결국 공동체에 속한 개인은 사라지지 않느냐고 반문한다. 그러면서 국가 공동체의 중요성을 외치며 국민의 희생을 강요했던 독재정권의 기억을 근거로 꺼내든다. 아니면 지긋지긋한 학연, 지연 문제를 이야기한다. 그래서 '차라리 나는 공동체주의 그런 거 말고, 개인주의가 더 좋습니다'라고 선언하는 사람도 종종 만난다.

공동체에 대해 막연한 이상을 품고 있든지 아니면 공동체를 비판하든지, 그 바탕에는 우리 모두에게 공동체는 경험해보지 않은 미지의 것이라는 배경이 있다. 기껏해야 같은 지역 출신의 동호회나 해병전우회를 공동체의 예로 떠올리거나, 삭막한 도시의 반대급부로 막연한 공동체의 이상을 품는 것은 우리가 제대로 된 공동체를 경험해보지 못한 탓이다.

그렇다면 왜 우리는 공동체를 모를까? 왜 공동체를 경험하기 어려운 걸까?

내가 공동체 연구를 한다는 말에, '저는 개인주의자입니다'라고 밝히는 사람들은 사람의 본성이 이기적이기 때문에 서로 양보하고 협동하는 공동체를 이루기 어렵다고 말한다. 개릿 하딘Garrett Hardin의 '공유지의 비극'tragedy of the commons이 그 좋은 예다. 모두가 공동으로 이용하고 소유하는 토지라면, 누가 거기에 옥수수를 심고 감자를 키우겠는가? 작물을 심고 키우는 수고는 내가 하고, 다 키워놓은 작물을 가져기는 무임승치지^{free-rider}는 따로 있을 수 있다. 모두 함께 소유하는 토지에서는 내가 투자한 노동과 자본에 걸맞은 이득을 얻을 수 있다는 확신이 없다. 어떻게 해야 할까? 합리적인 대안은 내가 일구는 토지에서 나오는 소득을 가져갈 수 있는 일종의 통제권을 받는 것이다. 나에게 할당된 토지의 작물을 내가 가져갈 수 있다면 손 하나 까딱하지 않고 보상만 챙기려는 무임승차자의 반칙을 피할 수 있다. 작물을 키우기 위해 들인 노력과 시간에 대한 결과는 온전히 내 것이 된다. 그러나 공유지를 여럿이 경계를 정해 나누어 가질 때, 그 토지를 '공유'하고 있다고 말할 수 있을까? 토지에 대한 점유나 소유가 인정되는 순간, 더는 그 토지를 공유지라 부를 수 없을 것이다.

더욱이 이기적 개인은 항상 자신의 이익을 우선하기 때문에, 토지가 수용할 수 있는 용량을 초과해 사용함으로써 공유지는 황폐해질 수밖에 없다. 윌 킴리카^{Will Kymlicka}는 바다에서의 고기잡이로 이 현상을 설명한다.[3] 어부들이 비싸게 팔리는 특정 어종을, 심지어 어린 물고기까지 쓸어 담는다면 어떻게 되겠는가. 그 특정 어종은 멸종하고 말 것이다. 물고기가 멸종하면 더이상 수익을 올릴 수 없으니 마구잡이로 고

---

3. 윌 킴리카. 2018(2002). 장동진·우정열·백성욱 역. 『현대 정치철학의 이해』 (*Contemporary Political Philosophy*). 동명사. pp. 194-195.

기를 잡는 일은 한치 앞을 내다보지 못하는 어리석은 행동이다. 그러나 한편으로 이들은 매우 합리적인 행동을 한 것이다. 내가 잡지 않는다고 해서, 다른 어선도 잡지 않으리라는 보장이 없기 때문이다. 다른 어선보다 더 많은 고기를 더 빨리 잡는 것이 이윤을 내기 위한 가장 합리적 행위이다. 그러나 개인의 합리적 선택의 결과로 공유물은 황폐해지는 비극을 맞이한다.

비극으로 치닫지 않기 위해 어떻게 해야 하겠는가. 사람들은 '이기적 유전자'를 가지고 있으니 사회가 유지되기 위해서는 '관대함과 이타주의를 가르쳐야' 한다는 리처드 도킨스Richard Dawkins의 주장에 힘이 실린다. 또한 개릿 하딘이 강조하는 것처럼 '모두의 파멸을 막기 위해서 개인의 자유를 제한해야' 한다. 어선별 고기의 포획량을 제한하고, 공유 목초지에 풀 수 있는 가축의 수를 정하는 사회의 규율이 중요해진다.

공유지가 황폐해지기 전에, 차라리 사적 점유를 해야 한다는 주장에도 힘이 실릴 수 있다. 모두를 위한다는 명목으로 공동으로 소유하면서 비극으로 치닫는 것보다는, 차라리 개개인이 나누어 가짐으로써 공유지를 더 효율적으로 개간하여 더 많은 생산물을 얻을 수 있기 때문이다. 내 토지의 작물을 내가 모두 소유할 수 있다면, 더 많은 수익을 기대하며 품질과 생산량을 끌어올리기 위해 노력할 것이다. 그리고 이렇게 개간된 사적 토지에서 거두는 품질 좋고 충분한 양의 생산물은 다시 다른 사람들에게 돌아간다. 이와 같은 논리에서 데이비드 슈미츠^{David Schmidtz}는 사적 소유를 통해 공유지의 비극을 막는 것이 사실상 '도덕적 의무'를 다하는 일이라고 주장한다. 반대로 자원이 고갈될 것을 알면서도 여전히 공유지로 남겨두는 것은 다가올 비극을 알고도 대비하지 않는 어리석은 일이 된다.

이처럼 사람의 본성이 이기적이라고 전제할 때, 자원은 공유될 수 없다는 결론에 이른다. 협동의 공동체를 만드는 것도 사실상 불가능해지고, 법도덕과 규율에 따르는 계약공동체가 구현될 것이다.

그러나 공유하는 자원이 황폐해진다는 결론에서 공통으로 전제하는 '이기적 인간'상이 잘못되었다는 평가도 있다. 우리 사회에는 공동 소유의 토지에 모두를 위해 꽃을 심는 사람도 있지 않은가? 이들은 사람이란 타인을 위해 자기를 기꺼이 희생하는 이타적 존재라고 주장한다. 이를테면 한국 사회의 민주화는 어떻게 가능했는가 떠올려보자. 민주화를 위해 투쟁한 수많은 사람의 희생은 인간이 이기적이라는 주장을 반박한다. 표트르 크로포트킨$^{Pyotr\ Kropotkin}$도 『만물은 서로 돕는다』$^{Mutual\ Aid:\ A\ Factor\ of\ Evolution}$에서 개미나 꿀벌의 사례부터 복잡다양한 근대 인간 사회까지를 조명하며 다윈의 적자생존에 따라 사회가 형성되지 않았음을 보여주고자 했다. 이기적 인간들의 치열한 생존경쟁 속에서 사회진보가 이루어진 것이 아니고 오히려 상호부조를 통해 사회제도가 발전되어왔음을 주장한다. 즉 개인은 서로 돕고 사는 공동체 구성원이라는 것이다.[4]

새뮤얼 보울스$^{Samuel\ Bowles}$와 허버트 긴티스$^{Herbert\ Gintis}$의 『협력하는 종』$^{A\ Cooperative\ Species}$은 "공동체(사회)를 이루어 사는 삶이야말로 가장 넓은 의미의 생존경쟁에서 가장 강력한 무기가 된다"는 크로포트킨의 주장을 발전시킨 저서다.[5] 이들은 인간의 유전자가 단순히 '이기적이냐', 혹은 '이타적이냐'로만 결정될 수 없고, 문화의 영향 속에서 인간의 본성이 진화해나간다고 설명한다. 또한 인류의 진화 과정에서 공동체를 형성하는 이타성이 생존에 더 유리하였기 때문에 사람들은 점차 이타적인 방향으로 진화하였고, 더 나아가 대가^{代價}나 보상이 없어도 이타적으로 행동하는 '진정한 이타주

---

4. 표트르 크로포트킨. 2005(1914). 김영범 역. 『만물은 서로 돕는다』. 르네상스.

5. 새뮤얼 보울스·허버트 긴티스. 2016(2011). 최정규·전용범·김영용 공역. 『협력하는 종』. 한국경제신문. p. 87.

의'가 출현할 수 있었다고 본다.

인간의 본질적 기질이나 유전자가 어느 쪽에 가까운지, 혹은 사회에서 살아남기 위해 어떠한 전략이 더욱 유효했는지를 쉽게 결론 내리기는 어렵다. 공동체를 만들기 어려운 이유가 인간의 이기적 유전자 때문이라고 단정할 수만도 없다. 산과 염기를 구별하는 리트머스지처럼 이기적 유전자는 보라색, 이타적 유전자는 청록색으로 확인해볼 수 있다면 모르겠지만. 그러니 왜 우리가 제대로 공동체를 경험해보지 못했는가를 유전 요인으로 설명하는 것에는 한계가 있다. 그렇다면 우리가 사는 환경, 한국사회는 공동체를 일구기에 어떠한가.

'82년생 아무개 씨'는 공동체를 모를 수밖에

우리는 왜 '한국사회'에서 공동체를 경험하지 못했을까? 누군가는 '공동체를 모른다'는 전제가 불편할 수도 있겠다. '한국사회'라는 큰 담론을 풀어내기 위해서 우리 중 누구의 이야기도 될 수 있는 작은 이야기에서 시작해보자.

나는 서울 한 귀퉁이에서 나고 자랐다. 내가 살던 주택가 골목은 '응답하라'의 쌍문동 풍경과 크게 다르지 않다. 장판을 깔아 놓은 평상에는 몇몇 어른들이 앉아계셨고, 약속하지 않아도 골목에서 만나 놀던 친구들이 있었다.

국민학교를 들어가서 초등학교를 졸업했는데, 학교에 들어가고부터 어른들이 나나 부모님을 만나면 가장 많이 했던 이야기가 '공부는 잘하고?'였다. 초등학교 4학년 선생님은 혁신적인 방법으로 자리 배치를 하셨는데, 시험성적순이었다. 남자 1등과 여자 1등이 맨 앞자리 교탁 앞에 앉는 것을 시작으로 교실 뒷문 청소함 앞의 꼴찌 좌석까지 순서대로 앉았다. 중고등학교 성적표에 적힌 과목별 전교 등수가, 시험 결과를 게시판에 붙여 공개하는 것에 반발심이 들지 않았다. 내 위치가 어디쯤인지를 확인하는 것이 먼저였다. 고3쯤 되어서였나, 성적에 비관한 학생들의 자살이 사회적 이슈가 되면서 성적표에 등수 표기가 사라졌다.

대학에서는 모임이 많았다. 학부별, 학과별 행사도 자주 있었고, 동아리 활동을 꾸준히 하는 친구들도 많았다. 하지만 기억에 남는 건 도서관에서 내가 늘 앉던 자리와 아르바이트들이다. IMF 위기로 기업들은 신입사원 채용을 많이 줄였다. 대학과 학과를 쭉 나열한 입시자료에 취업률이 같이 표기되었던 것은 우리 세대부터였던 것 같다. 입학하면서부터 취업을 준비하기 시작한 세대이기도 하다. 한번은 선배가 찾아와서 학생회 활동을 함께하자고 했지만, 호응은 없었다. 우리 때에는 학생운동에 그다지 큰 이슈가 없을 때였다. 한참 앞 세대는 민주화운동을 위해 강의실 밖으로 나갔던 선배들이고, 우리가 학교를 졸업하고 나니 뒤 세대들의 반값 등록금 시위가 크게 일어났다.

회사에 들어가고서야 공동체를 강조하는 사람들을 만났다. 주로 직장 상사들이었는데 '가족 같은 분위기'를 만들자고 말했다. 그러나 관리자들의 말에도 불구하고 우리는 가족이 될 수 없었다. 회사는 달성해야 하는 과업들로 내 시간을 채웠고, 과업에 대한 성과가 기록되고, 결과는 연봉으로 돌아왔다. 어느 때부터인가 연말이 다가오면 팀장은 팀원을, 팀원을 팀장을 평가했다. 정확하게 업무를 이해하는지, 정해진 기한을 지키는지, 업무에 대한 의사 표현을 명확하게 하는지, 성인지 감수성이 어떠한지 등을 1점부터 10점 사이에서 점수 매겼다.

'82년생 아무개 씨'의 이야기는 내 경험이다. 그러나 어쩌면 70, 80년대 고도성장 이데올로기 속에서 한국사회를 살아온 모두의 삶에 이 경험은 조금씩 다른 모습으로 녹아 있지 않을까? 우리가 나고 자라면서 경험하고 배운 사회의 모습은 협동보다는 경쟁이었다. '어떻게 성적을 높일 수 있을까, 어떻게 더 좋은 대학이나 직장에 갈 수 있을까, 어떻게 더 많은 성과를 낼 수 있을까' 하는 끝도 없는 생산성 증대의 열망이 개인 삶에도 적용되었다. 사회를 구성하고 작동하는 원리는 더 많은 축적을 위한 효율성에 맞춰져 있었다. 따라서 한국사회가 중요시하는 가치와 사회가 작동하는 방식이 공동체 가치나 연대, 협동 등과 전혀 달랐다는 사실이 우리가 공동체를 경험하거나 숙고할 기회가 없었던 이유를 더 잘 설명해줄 수 있다. 한국인의 유전자가 특히 더 이기적이어서가 아니라.

공동체 연구를 시작하며

심리상담 분야에서 일하는 친구가 했던 말이 있다. 가만 보면, 전문가들은 자기가 심리적으로 취약한 분야를 연구한다는 것이다. 분노조절장애 상담을 전문적으로 하시는 분은 스스로 분노조절이 안 되고, 우울증 환자들이 자주 찾는 상담가는 자기 우울감을 해결하지 못해 힘들어하더라는 것이다. 다른 분야도 마찬가지인지, '인류학을 하는 사람은 인류애가 없고, 사회학을 하는 사람은 사회성이 부족하고, 경영학과는 자기 경영이 안 되더라'라는 식의 우스갯소리도 있다.

내기 공동체 연구를 시작한 것도, 공동체에 무지하다는 자각 때문이다. 나는 한 번도 공동체를 제대로 경험해보지 않았는데, 한국사회에 불어온 '공동체 만들기 사업'의 바람이 신기하기도 하고 궁금하다보니 기웃거리게 되었다. 또 일하던 현장과도 관련이 있었다. 공동체주의가 제안하는 '좀더 나은 삶을 위한 연대'는 내가 십여 년간 시민사회 현장에서 일하며 모색했던 대안적 사회운동의 가치와도 비슷한 지향점을 가졌다.

기대하는 마음으로 정책과 현장을 본격적으로 살펴보았다. 특히 '서울시 마을공동체 사업'은 여러 가지로 눈길을 끌었다. 2011년 보궐선거로 고故 박원순 시장이 당선되면서 제시한 비전은 '더불어 사는 마을공동체, 함께 잘사는 희망 서울'이었다. 마을공동체를 시정 전면에 내세우며 2012년부터 사업을 본격화했는데, 기존 정책들과 다름을 강조했다. 이전에 정부 주도로 이루어졌던 공동체 정책들이 위에서부터 아래로 향하는 수직적 정책이었다면, 서울시의 마을공동체 정책은 시 정부와 시민이 파트너로 만들어가는 수평적 정책이라는 것이다. 정부가 일방적으로 내리꽂는 정책이 아니라, 시민의 주도적 역할을 강조했다. 중앙정부의 공동체 정책들이 단발적인 프로젝트였다면, 서울시 정책은 장기적 관점으로 수립되었다. 정책의 전략도 구체적이었는데, 사업 진행을 위한 별도의 지원조직을 만들기도 했다. 이러한 서울시의 정책 모델은 각 지방자치단체의 상황에 따라 변형을 거쳐 전국적으로 이식되었다. 일찌감치 시작한 서울 마을공동체 사업은 그 역사와 조직 구성, 지방정부의 적극성 등이 하나의 실천모델로 여러 지역에서 받아들여졌다. 때문에 공동체를 만들겠다는 정부의 정책사업, 그리고 그 사업이 실천되는 현장의 이야기를 살펴보는 데 서울시 사례는 매우 적절한 모델이 되었다.

그러나 한편으로 서울시 마을공동체 사업이 '과거에 관 주도로 진행되었던 공동체 정책들과 무엇이 얼마나 다른가' 하는 부분은 여전히 쟁점이다. 사업의 범위가 넓어지고 시간이 지나며 '정책이 목표했던 것과 다르게 나타나는 현장의 모습을 어떻게 설명할 수 있을까'와 같은 질문도 현장에서 제기되었다.

질문에 답하기 위해서 나는 서울시 마을공동체 사업이 시작된 2012년부터 2021년까지, 사업과 관련된 기획 및 평가, 연구보고서, 신문 기사, 토론회 자료 등을 살펴보았다. 그러나 기록된 자료는 정부 정책이 지향했던 바가 무엇인지는 보여주었지만, 실제 현장 모습이 어떠했는지는 설명해주지 않았다. 그래서 나는 기회가 닿는 대로 현장을 찾아 직접 보고 들으려 했다. 서울시의 한 자치구를 중심으로 사업 과정의 주요 이해관계자들을 만나기도 했다. 자치구의 담당 공무원, 중간지원조직 단장, 찾아가는동사무소 담당자 등을 인터뷰했고, 중간지원조직 형태가 다른 자치구 세 곳의 현장 활동가들, 그리고 사업 전반의 과정과 역사, 지역적 특성을 이해하고 있는 연구자들과도 만났다. 이 책에 담긴 주요 인터뷰 참여자는 11명이다.

　이 과정에서, 내가 연구를 위해 살펴보았던 보고서나 자료 등에서는 확인되지 않았던 '불편한 이야기'들이 본문 곳곳에 꽤 담겼다. 현장의 민감한 내용이기 때문에 사례의 구체적인 내용이나 명칭, 표현 등은 생략할 수밖에 없었다. 그러나 현장의 생생한 이야기를 담고 싶었기에 가능한 경우 인터뷰 참여자의 말 그대로를 최대한 직접 인용하고 인용부호(" ")로 표시했다. 인터뷰는 반구조화된 질문으로 이루어졌고 나는 중립적 관점에서 현장을 보기 위해 노력했다. 마을공동체 현장에 애정이 있는 독자라면, '왜 사업의 긍정적인 성과보다 문제나 한계에 관한 언급이 많은가' 하는 이의제기를 할 수 있겠다. 실제로 인터뷰 과정에서 참여자들은 사업과정과 주체 간의 관계에 대해 답하며 자연스럽게 마을공동체 사업이 의도하지 않은 한계를 말했고 나는 그 이야기들을 충실하게 전달하고자 했다. 그리고 불편한 이야기들이 생소한 이야기는 아닐 것으로 생각한다. 기존의 연구들이 공동체 만들기 사업의 성과에 초점을 두었고, 지나친 애정을 가졌기 때문에 불편한 이야기는 수면 위로 드러나지 않았을 뿐이다.

불편한 이야기를 꺼내드는 배경에 정치적 의도는 없음을 밝힌다. 서울시 마을공동체 사업을 이른바 '박원순표 사업'으로 두고, 사업의 문제를 나열함으로써 '오세훈식의 서울시 바로 세우기'에 이바지하고자 하는 것이 아니다. 나는 마을공동체 사업을 통해 성장한 시민들, 풀뿌리 민주주의를 실현하기 위해 노력하며 협력적 관계를 유지하는 시민단체들, 그리고 협치 거버넌스를 구성하기 위한 건강한 시도들과 그 결과로 형성된 많은 공동체가 있음을 인정한다. 다만, 민주주의 공동체에서는 다양한 이야기들이 제약 없이 자유롭게 토론되어야 한다는 필요를 기억하였을 뿐이다. 이 글의 초점은 마을공동체 사업 현장을 폭로하거나 비난하는 것이 아니라, 갈등이나 문제가 발생하는 사회구조와 조건을 이해하고 공동체에 대한 새로운 분석과 설명을 하는 데 있다.

책의 구성

'한국사회에서 사업을 통해 마을공동체를 만들 수 있을까? 만들 수 있다면, 그것은 어떤 모습일까? 만들 수 없다면, 왜 그럴까?' 마을공동체 만들기 사업의 이론과 현장을 보며 풀고 싶었던 질문은 이것이다. 각 장에서 던지는 질문은 이 답을 찾는 과정이다.

먼저 〈1장. 공동체는 만들 수 있을까?〉에서는 '오늘날 도시사회에서 공동체는 가능한가' 하는 질문으로부터 시작한다. 여기서 밑줄을 친다면, '오늘날'과 '도시사회'가 강조된다. 과거와 대비되는 현대, 그리고 농촌사회와 다른 도시사회의 특징 속에서 공동체는 불가능하다는 관점과 공동체는 여전히 지속되고 있다는 관점을 검토한다. 대립하는 두 관점으로부터 '공동체 만들기'의 가능성과 의미에 대해 생각해본다.

〈2장. 사업으로 공동체를 만들 수 있을까?〉에서는 '공동체 만들기'가 사업으로 가능한가를 살펴본다. 서울시 마을공동체 사업은 기존에 진행되었던 사업들과의 차별성을 강조하지만, '현대판 새마을운동이 아닌가' 하는 비판에서 벗어나지 못하고 있다. 오늘날 공동체 정책은 새로운 사회운동이 제도로 안착한 것일까, 아니면 정부 주도의 통치성으로 해석되어야 할까.

1장과 2장의 논의가 '오늘날 도시사회에서 사업으로 마을공동체가 만들어질 수 있는가'라는 공동체 문제의 가능성을 한국적 상황에서 검토하는 데 중점을 둔다면, 3장부터 6장까지는 공동체 정책이 만들어낸 현장의 모습을 살펴본다. 또한 '공동체가 우리 사회의 당면 문제와 욕구를 해결하기에 적절한 대안인가'라는 문제를 논의한다. 공동체 정책의 목표와 이상은 민주주의, 공론장, 시민교육, 사회통합과 연결되는데, 이 단어들은 3장부터 각 장의 주요 키워드이다.

〈3장. 공동체를 만들면 민주주의도 발전할까?〉는 공동체를 통해 민주주의를 달성하겠다는 마을공동체 사업의 이론적 설명을 퍼트넘$^{R.\ Putnam}$의 사회적 자본$^{social\ capital}$ 개념을 중심으로 확인한다. 그리고 효율적 민주 정부의 조건이 사회적 자본, 즉 안정된 공동체임을 주장한 그의 논의가 한국사회 공동체 정책에서 어떻게 구현되었는가를 짚어본다.

〈4장. 공론장을 자연스럽게 만들 수 있을까?〉는 마을공동체 사업 기획의 기초를 이루는 설명, 즉 소수의 친밀권$^{intimate\ sphere}$이 공론장$^{public\ sphere}$으로 전개된다는 이론적 구상이 현장에서 어떻게 적용되고 나타나는지를 살펴본다.

공동체 정책의 목표는 공동체 만들기를 넘어 민주시민 만들기에 목표를 둔다. 〈5장. 마을 만들기에서 시민 만들기는 가능할까?〉에서는 시민의 역량을 강화하려는 정부나 시민 단체만이 아니라, 스스로 시민 되기를 시도하는 노력마저도 비판적으로 바라보는 크룩생크^{Cruikshank}의 논의를 소개하며 시민 만들기의 의미를 다시금 생각한다.

〈6장. 공동체 너머 공동체는 만들어질 수 있을까?〉에서는 공동체의 폐쇄성과 개방성 이슈를 생각한다. 공동체가 사회의 통합과 안정에 기여할 것이라는 정책 기대와 다르게 현장에서 빚어지는 갈등의 문제를 다룬다.

〈7장. 공동체를 어떻게 만들어야 할까?〉는 결론을 대신하여, 한국사회 공동체 만들기 정책의 이상과 현실의 차이를 어떻게 생각하고 해결을 모색해야 할지 이야기한다.

각 장의 질문들은 현장에서 제기되었지만 본격적으로 논의되지 않았거나, 아예 문제로 다루어지지 않았던 이야기들이다.

마을공동체 활동을 하시는 분들을 만나면 정책 안내지에 나와 있는 문맥을 그대로 설명하는 경우가 종종 있다. 정책에 대한 이해가 높으니 손뼉 치며 환영할 만한 일이다. 특히 마을공동체가 사회적 자본을 만들어낸다거나, 모두가 함께 하는 공론장을 만들어야 한다는 설명은 정책 설계에 바탕이 되는 이론과 해석이 현장에 잘 파고든 예이다. 그러나 정책 이론에도 일정한 관점이 녹아 있다. 비판 없는 수용은 오히려 현장의 유연성을 떨어뜨릴 수 있다. 정책이 의도하지 않은 결과를 보지 않고 여전히 정책의 이상만을 반복한다면 중요한 것을 놓칠 수 있다. 그렇다면 공동체 '만들기'를 작업하는 기능공이 될 뿐이다.

이 책에서 던지는 여러 질문에 정답지는 없다. 질문을 던지고 생각하는 과정이 담겨 있다. 생각조차 하지 못했거나 아니면 현장에서 이상하다 싶었지만 덮어두었던 문제들에 대해 새로운 방향으로 생각을 내디뎌보는 데 이 책의 의미가 있다. 정책이 전제로 삼고 있었던 부분들을 질문으로 삼고 비판적으로 검토해보는 과정을 거치면서, 우리 사회 '공동체 만들기' 정책의 방향과 과제들이 새로운 장으로 나아가기를 기대해본다.

1장

공동체는 **만들** 수 있을까?

| 3인 이상이면 누구나 마을공동체 사업 신청하세요 |

어느 때인가부터 아파트 게시판이나 동네 현수막에 마을공동체 사업 안내가 심심치 않게 보인다. 서울시에서는 마을공동체 사업을 2012년에 본격적으로 추진했지만, 정부에서 사업으로 마을공동체를 시작한 것은 2000년대 전후다. 1999년 '북촌마을가꾸기' 사업, 2010년 '휴먼타운 조성사업' 등이 진행되었다. 중앙정부 단위에서도 2005년 국토해양부의 '살고 싶은 도시만들기 시범사업'과 같은 정책사업이 있었다. 사업의 이름은 지역마다 다양하지만, 공동체를 만들겠다는 시도가 이제는 정책 영역 전반에 폭넓게 진행되고 있다.

그런데 가만히 들여다보면 뭔가 어색하기도 하다.

공동체는 과연 '만들 수 있는 것'일까?

〈그림 1〉 성동구의 마을공동체 공모사업 안내

출처: 성동구청 블로그 > 성동소식 > 3명이 모이면 무엇이든 가능합니다!
〈게시기사: 마을공동체 공모사업 주민설명회 개최 안내〉
(https://blog.naver.com/seongdonggu1/220600750716)

내가 살던 마을, 내가 만드는 마을

"'마을' 하면 어떤 이미지가 생각나세요?"

이 질문에 대다수 사람은 논밭 사이로 옹기종기 집들이 모
여 있고 앞으로는 개울이 흐르고 뒤로는 산 능선이 펼쳐지는
시골 마을 풍경을 말한다. 지금은 다 개발이 되었지만, 아파
트가 들어선 영등포 어귀가 다 논밭이었다거나, 어렸을 때는

관악산 계곡에서 물고기 잡고 놀았다거나 하는 추억을 함께 펼쳐놓기도 한다. 간혹 젊은 세대 중에는 다른 대답이 나오는데, 신도시의 아파트단지마다 이름 붙인 '○○ 마을'을 나열하기도 한다. 세대와 환경에 따라 경험한 '마을'이 달라서 떠오르는 풍경도 차이가 있다.

'마을'의 이미지로 시골의 전원 풍경이나 도시의 고층아파트 숲을 떠올릴 때, 마을은 일정한 공간으로서 형상화된다. 사전에 가장 먼저 나오는 '마을'의 뜻도 '여러 집이 모여 사는 곳'이라는 공간적 의미다. 그러나 우리가 마을을 머릿속에 그릴 때, 내가 걷던 논밭길이나, 친구들과 함께 놀던 개울, 아니면 친구네 집이 있던 ○○ 아파트를 생각한다는 것은 마을이 공간 이상의 의미를 담고 있기 때문이다. 즉 마을은 '여러 집이 모여 사는', 우리들의 일상생활이 이루어지는 삶의 일차적 공간이며, 여러 집의 사람들이 모여 사회적 교류가 일어나는 공간이다. 무엇을 연상하든, '마을'은 건물이 세워진 물리적 공간만이 아니라 사람들이 교류하며 살아가는 '관계의 장'이다. 그 공간에 '사람들'이 있고 사람들이 '공동체적 관계'를 맺고 있다. 만약 일정한 지역에 십여 채의 집이 있지만 각 집의 사람들은 모두 독립적이며 자급자족의 생활을 영위한다고 할 때, 우리는 이 지역을 하나의 마을공동체라고 부를 수 없을 것이다. 그러나 '만약에'라는 이 가정은 성립될 수 없을 것 같다. 모든 사람이 완전히 독립적이어서, 타인과 어떤 교류나 관계도 맺지 않는다는 가정은 현실에서 거의 불가능하기 때문이다.

인간 종species의 특성 중 하나로 '사회적 동물'을 꼽는다. 인간은 홀로 살 수 없고 타자와 상호작용하면서 관계를 맺는 존재임이 강조된 것이다. '사회적 동물'은 아리스토텔레스Aristotle의 명제로 알려졌지만, 실은 후세대 철학가인 세네카Seneca의 번역과정에서 표현이 달라진 것이다. 아리스토텔레스가 원래 전달하려던 의미를 살려 다시 번역하면 '정치적 동물'에 가깝다. 인간은 '정치적 공동체'를 이루며 살 수밖에 없는 존재이며, 역으로 '정치적 공동체'를 이루지 않은 인간은 불완전하다고 보았다. 인간은 다른 사람과 소통하고 조율하는 가운데 '공동체를 이루며 살아갈 수밖에 없는 존재'라는 것이다. 따라서 공동체는 숨을 쉬듯 인간에게 필수적이며 본능적인 요소다.

'마을공동체 사업'에 던지는 첫번째 질문은 바로 여기에서 시작된다. '마을'은 사람들이 사는 곳에서 서로 관계 맺는 자연스러운 현상인데, 어떻게 '만들어지는 것'이라고 할까?

마을공동체 '만들기'는 꽤 오랜 역사와 지평을 갖고 있다.

종교적·민족적·이념적·정치적 배경에서 다양한 공동체가 만들어져왔다. 자연발생적인 공동체와 구분하기 위해 '계획적·의도적 공동체'^{intentional community}로 부르기도 한다. 예를 들어, 현대 문명과 거리를 두고 종교적 전통을 고수하는 아미쉬 공동체^{Amish community}의 형성은 17세기로 거슬러 올라가고, 능력에 따라 일하고 필요에 따라 나누는 협동집단을 실험한 로버트 오언^{Robert Owen}의 뉴하모니^{New Harmony}는 미국 인디애나주에서 1825년에 처음 시도되었다. 한국사회에도 변산공동체, 두레마을, 거북마을, 안솔기마을, 간디숲속마을, 청미래마을 등을 꼽을 수 있다. 외부 세계와 어느 정도 구분되는지, 어떠한 사상과 가치를 갖는지, 공동체의 운영이 중앙집권적인지 아니면 민주적인지, 개인의 자율성은 어느 정도 허용되는지 등은 공동체마다 차이가 있다. 그러나 새로운 삶의 공간을 만들려는 사회운동이자 유토피아적 구상의 실천으로서 공동체 만들기는 꾸준히 이어져왔다.

이상향의 공동체를 만들겠다는 시도가 아니더라도, 넓은 의미에서 이미 주어진 공동체도 '만들어가는 것'에 포함시킬 수 있다. 개인이 소속되고 영향을 받는 공동체는 고정불변의 틀이 아니라, 개개인의 노력과 영향에 따라 변화하는 구성체이기 때문이다. 공동체가 인간에게 필수적이며 본능적이라면, 공동체를 기획하고 만들어나가는 것 또한 인간의 자연스러운 역사다. 따라서 '공동체를 만들겠다는 시도 자체가 가능한가'라는 질문보다 더 중요한 것은 다음의 두 가지 가능성을 묻는 것이다.

- '오늘날' 마을공동체 만들기는 가능한가.
- 마을공동체 만들기는 '사업으로' 가능한가.

두번째 질문은 다음 장에서 자세히 살펴보겠다. 구성원이 일정한 가치와 목표에 따라 공동체를 만들어가는 의도적인 공동체의 형성이 가능하다면, '국가 정책사업으로 공동체를 형성하려는 시도는 가능할까'에 대해서도 생각해볼 수 있을 것이다. 우리는 먼저 첫번째 질문에 답해야 하는데, 마을공동체 만들기가 '오늘날' 가능한가에 대한 질문은 현대 도시사회의 특성과 관련하여 제기되는 공동체 소멸론, 그리고 그에 대한 반발로 제기된 공동체 존속론에 대한 논의와 맞닿아 있다. 이를 위해서 먼저 오늘날 사회의 특성을 생각해보자.

도시사회 문제를 해결할 해법, 마을공동체

마을공동체 사업에서 '마을공동체 만들기'는 허물어진 이웃과 관계망을 만들겠다는 '공동체 회복'을 말한다. 이처럼 '마을을 만들자, 공동체를 회복하자'라는 주장은 '공동체가 허물어졌다'라는 진단을 전제로 한다. 그렇다면 공동체는 왜 허물어졌을까? 전통적인 농경사회에서 이루어졌던 마을공동체가 도시화·산업화 과정에서 해체되었기 때문이라는 답이 일반적이다.

한국사회의 도시형성은 단시간에 급속도로 이루어졌다. 이를 보여주는 지표가 전체 인구 중 도시지역에 거주하는 인구 비율을 말하는 도시화율이다. 1960년에는 약 28%였던 도시화율이, 1977년에는 50%를 넘어서고 1982년에 60%, 1988년에는 70%가 되었다. 인구 절반이 도시에 살기 시작한 후로는 약 6년마다 10%P씩 증가한 셈이다. 2002년 80%를 넘기고 증가세는 잦아들었지만, 도시의 인구 팽창에서 비롯된 도시사회의 문제들은 더욱 가시화되었다.[6] 자살자 수, 출산율, 주거 이동률, 독거노인 수 등의 지표는 경제 성장 이면의

---

6. The World Bank, World Development Indicators, 1960-2022. (통계청, 「도시화」 https://kosis.kr/statHtml/statHtml.do?orgId=101&tblId=DT_2AQ3512&conn_path=I2)

결과로 지적된다. 외적 풍요를 누리지만 내적으로는 빈곤하고, 양적 성장을 이루었지만 질적인 만족도는 떨어지는 삶의 모습이 한강의 기적 뒤에 숨겨져 있다.

경쟁과 성장의 사회에서 고지를 차지하지 못한 대다수의 개인은 문제를 스스로 풀어나갈 힘이 없다. 때문에 2012년 본격적으로 시작된 서울시의 마을공동체 사업은 '사람 사는 재미가 있는 정겨운 사회', '서로 돕고 살아가는 지속 가능한 사회'를 비전으로 제시했는데, 구체적으로는 일과 경쟁, 성장 중심 가치로 저하된 삶의 질을 회복하기 위해 "서로 협력"하여야 한다는 짐을 강조한다.[7] 여기에는 가치와 방법의 전환이 담겨 있다. 첫번째 전환은 삶의 가치를 '양'이 아니라 '질'에 맞추는 전환이고, 두번째 전환은 고립되고 소외된 개인의 문제가 아니라 공동체의 문제로 대안을 찾는 방법론적 전환이다. 급속한 산업화와 도시화로 빚어진 문제이기 때문에, 성장주의 전략은 문제를 심화시킬 뿐이다. 자본주의 사회의 기계적 사고방식이나 효율성의 신화를 극복하는 가치의 전환이 필요하다. 또한 개인의 차원을 넘어선 집합적 대응이라는 방법의 전환으로 해결해야 한다. 상호협력하는 공동체주의 전략으로 대응할 때 개인의 행복한 삶과 사회의 지

---

7. 서울특별시. 2012 『서울특별시 마을공동체 기본계획』 p. 41.

속 가능성이 보장된다.

이와 같은 설명은 서울시 마을공동체 사업을 비롯한 정책 사업의 배경일 뿐만 아니라, 한국사회에서 진행되었던 다양한 사회운동들의 배경이기도 하다. 본격적인 산업화·근대화가 시작된 1960년대에 한국사회 공동체운동도 태동하였고, 빈민, 주거, 노동, 먹거리, 소비, 화폐 등의 사회문제와 결합하면서 여러 공동체적 실험이 진행되었다. 2000년 이후에 등장한 마을공동체 만들기 정부 정책은 마을공동체가 "도시문제의 해법"임을 전제로 하고, 그동안 마을 현장의 다양하고 창의적인 일상의 실천들이 활성화될 수 있도록 이제는 "공공의 역할"이 필요하다는 점을 강조한다. 사업에서 공공의 역할이 무엇인가는 다시 살펴볼 것인데, 여기서 강조되는 바는 관이 주도하고 민이 동원되는 '기존의 방식'이 아니라, 민-관의 협력구조다. 시민들이 현장에서 기울여오던 운동적 실천과 공공의 지원이 만나 "마을은 도시의 문제를 풀어줄 해법이 될 수 있다"고 기대한다.[8]

그러나 도시사회의 문제를 풀기 위해 공동체적 해법을 바로 대입하기는 어렵다. 여러 사회 문제들이 도시화와 함께 등장하였기 때문에 도시화는 공동체적 가치와 방법으로의

8. 서울특별시. 2012. 앞의 책. pp. 39-40.

전환이 대두되는 배경이기도 하지만, 동시에 공동체적 대응을 불가능하게 하는 조건이기도 하다. 도시화율의 상승은 인구의 집중과 증가만이 아니라, 정치·사회·경제적 변화 속에서 개인의 삶이 급격히 달라졌음을 의미한다. 태어난 마을 공동체에서 평생을 살아가며 형성된 동질감과 연대는 고향을 떠나 도시로 향하며 무너졌다. 도시는 낯선 환경과 새로운 사람에 적응할 틈을 주지 않는데, 1년 사이 서울시에 사는 5명 중 1명, 19%는 이사를 하기 때문이다.[9] 도시에서 마을을 형성하는 공간의 의미는 함께 살아가는 삶의 공간이 아니라 부의 축적 수단으로 이해된다. 도시에서 사람들은 한곳에 정착할 수 없이 떠다니는 '도시 유목민'[urban nomad]의 삶을 산다. 가진 땅의 규모는 다르더라도 짓는 농사가 빤한 시골 마을에서는 오랫동안 한집에 살며 이웃과 함께해야 할 일도 많다. 그러나 도시의 삶은, 옆집과 우리 집의 살아가는 모습이 다를 수 있고 함께할 일이 그다지 필요하지도 않다. 우리 사회의 공동체가 얼마나 와해되었는지를 보여주는 하나가 OECD의 '더 나은 삶의 질 지표'[BLI, Better Life Index]다. 어려움에 처했을 때 도움을 요청할 수 있는 친척, 친구나 이웃이 있는

9. 통계청. 「인구총조사」. "현 거주지 성, 연령 및 1년 전 거주지 유형별 인구(1세 이상)-시군구". 2020. (https://kosis.kr/statHtml/statHtml.do?orgId=101&tblId=DT_1PB1607&conn_path=I3)

지를 묻는 공동체 부문 조사에서 2018년 한국은 40개국 중 40위, 꼴찌였다.[10]

이처럼 도시의 사회 환경은 공동체가 성장할 수 있는 토양으로 적절하지 않다고 여겨진다. 동시에 공동체는 도시 사회의 난제를 해결할 수 있는 치트키로 부상했다. 그러나 이 주장에는 논리적 모순이 있다. 도시화의 문제를 해결하기 위해서 공동체가 필요하지만, 도시화의 결과로 인해 공동체는 성장하기 어렵다. 이 아이러니한 상황 때문에 서울시에서 마을공동체 사업을 들고나왔을 때 쏟아진 가장 큰 우려와 비판은 서울과 같은 거대도시에서 꺼내들 수 있는 카드가 아니라는 것이었다.

공동체가 가능한 기본 조건은?

도시화가 양산한 사회경제적 환경이 공동체에 취약할 수밖에 없다는 주장을 이해하기 위해서는 먼저 공동체의 조건을 검토할 필요가 있다. '공동체가 가능한 기본 조건은 무엇일까?' 오늘날 마을공동체 사업 현장에서도 '어떠한 환경에

---

10. https://www.oecdbetterlifeindex.org

서 공동체는 성장할 수 있을까?'라는 질문을 던진다. 비슷하지만 공동체의 기본 조건에 대한 질문은 공동체의 성질과 정의에 대한 좀더 근본적인 관심을 반영한다. 즉 '공동체'라는 말 속에 포함된 구체적 의미들은 무엇인가. 군대에서 '우리는 운명공동체다'라고 선언하는 것과 '나는 서울시 공동체 주택에 살고 있어'라는 말, 그리고 친구에게 '우리 공동체 게임 하자'고 제안할 때, '공동체'는 과연 같은 의미일까? 개념은 완전무결하고 고정된 결과물이 아니라, 사회구성원의 합의와 시간의 맥락 속에 구성되는 것이어서 '공동체'라는 말도 깔끔하게 하나의 의미로 정의될 수는 없다. 따라서 공동체를 개념으로 살펴보는 과정을 통해, 공동체라는 커다란 말 꾸러미 안에 어떤 의미요소들이 교차하는지를 먼저 확인해야 한다.

조지 힐러리George A. Hillery, Jr.의 연구 「공동체의 정의들: 합의의 영역」Definitions of Community: Areas of Agreement을 통해 공동체를 구성하는 의미요소 속에서 공동체의 조건을 탐색해볼 수 있다.[11] 그의 연구는 미국사회를 배경으로 1955년에 발표되었지만, 여전히 공동체 정의의 기본틀로 읽히고 있다. 당시의 다양한 문헌자료에서 '공동체'가 어떻게 쓰였는지를 추출해

11. Hillery Jr., George A. (1955) Definitions of Community: Areas of Agreement. *Rural Sociology*, Vol. 20, No. 2, p. 117.

분류해보니 총 94개의 정의가 있었다. 그 정의들 사이에 합의되었다고 말할 수 있는 것, 즉 공통적인 것은 '공동체가 사람을 포함한다'는 단 하나뿐이었다. 그는 공동체의 정의에서 가장 많이 포함된 의미요소도 찾았는데, 94개의 정의 중 69개에서 공통으로 발견되는 세 가지 요소로 '지역'^{area}, '사회적 상호작용'^{social interaction}, '공동의 결속감'^{common ties}을 꼽았다. 조사에서 만난 그 어떤 연구자도 '지역'이 공동체의 요소가 될 수 있다는 점을 부인하지 않았다고 그는 강조한다. 공동체라고 할 때, 사람들은 한정된 지역 범위에서 일상의 필요를 충족시키는 조직적 양상을 보이고 공동체 조직은 상호작용하는 사람들로 이루어진다.

힐러리는 이 세 요소가 도시공동체에서도 유용한 기준이 된다고 보았다. 그러나 지역, 사회적 상호작용, 공동의 결속감을 반세기가 지난 도시사회에 그대로 적용하는 것은 적절하지 않다는 의견도 있다. 오늘날 도시사회에는 이 요소들만으로 설명할 수 없는, 새로운 형태의 공동체들이 있다. SNS로 접속하는 인터넷 네트워크 문화를 떠올리면, 같은 동네에 산다는 것이 더는 중요하지 않음을 알 수 있다. 인터넷망을 통해 지역을 넘어 연결되는 것이 가능해졌고, 사람들이 관계 맺는 방식도 달라졌다. 또한 '우리는 하나'라는 구호로 공동체에 속하기보다는, 느슨하게 걸쳐져 있는 모임들이 많아졌다. 이처럼 현대 도시사회의 많은 공동체는 힐러리의 기본요소를 충족하지 못한다.

하지만 '마을공동체 사업'에서는 힐러리의 공동체 조건을 수용한다. 사업에서 마을공동체는 늦은 저녁 슬리퍼를 신고 마실 다녀올 수 있는 가까운 거리에서, 서로 만나 이웃이 되고, 개인이 가진 문제와 욕구로부터 시작해 지역 공동의 문제를 함께 의논해나가는 공동체를 말한다. 이렇게 마을공동체 사업에서는 일정한 지역 내에서 사람들이 관계 맺고 공통의 욕구가 목적을 공유하고 있다는 '고전적 공동체 조건'이 여전히 강조되고 있다. 그러나 도시사회의 낮은 정주성과 익명성, 그리고 구성원의 다양성 등은 힐러리가 발견한 공동체의 기본요소들과 하나로 묶일 수 없다. 달리 말하면, 도시사회에서는 이 세 가지 기본요소를 포함하는 기존의 공동체가 유지되기 힘들다. 도시가 제공하는 삶의 조건은 공동체의 조건과 상반된다. 그렇다면, 공동체의 조건을 해체하는 도시화·산업화 속에서 어떻게 마을공동체가 가능할까?

도시에서 공동체는 없다 vs. 공동체는 계속된다

힐러리의 연구가 공동체 정의에 포함된 기본요소들을 살펴봄으로써 '공동체의 조건'을 설명하였다면, 1938년 루이스 워스Louis Wirth의 연구 「삶의 양식으로서의 도시성」Urbanism as a Way of Life, 1938은 도시공동체가 불가능한 이유를 설명한다.[12] 워스는 도시의 특성을 제시하면서 도시화가 바꾼 삶의 방식에서 이전과 같은 공동체가 만들어질 수 없다고 본다. 그는 인구수, 인구밀도, 구성원의 이질성 이 세 가지 기준은 그 자체로 도시의 특성을 반영하기도 하지만, 이 요소들이 도시의 성격과 개인의 삶을 바꾸어놓았기 때문에 의미있는 지표라고 본다. 그가 '서양 문명의 시작은 유목민의 정착 생활이고, 현대 문명의 시작은 대도시의 성장'이라 말하며 도시의 형성을 인류 역사상 중요한 기점으로 삼는 것도 같은 맥락이다.[13] 도시의 성장은 단지 더 많고, 더 다양한 사람들이 한정된 공간에 오밀조밀 모인다는 '양적 수치의 증가' 이상의 의미가

---

12. Wirth, Louis (1938) Urbanism as a Way of Life. *American Journal of Sociology*. Vol. 44, No. 1, pp. 1-24.

13. 원문 참조: Just as the beginning of Western civilization is marked by the permanent of formerly nomadic peoples in the Mediterranean basin, so the beginning of what is distinctively modern in our civilization is best signalized by the growth of great cities.(Wirth, 앞의 논문, p. 1)

있다. 도시는 인간 삶의 거의 모든 영역에서 변화를 가져왔다. 도시 인구의 증가로 친밀하고 개인적인 관계는 익명의 피상적이며 일시적인 관계로 전환되었다. 인구밀도의 변화로 일이 분화되고 전문화됨으로써 사회구조가 더 복잡해졌으며 우리 사회에 부와 빈곤, 지성과 무지, 질서와 혼돈, 화려함과 불결함과 같은 극명한 대조효과를 가져왔다. 또한 개인은 끊임없이 이동하는 불안정한 환경 속에서 다양한 사회 공동체를 경험하게 되므로 공동체의 구성원은 이질성을 띤다.

1938년 미국사회에 대한 워스의 분석은, 오늘날 한국의 도시를 설명하는 데도 크게 무리가 없다. 평생직장의 개념이 사라지고 끊임없이 자기계발을 해야 하는 바쁜 일상에서, 전세 계약에 따라 매번 집을 옮겨야 하고, 할인 이벤트에 따라 등록하는 헬스클럽 회원증이 여러 개 쌓이기도 하니, 생활하며 '부딪히는 사람'은 많지만, 정작 '만나는 사람'은 적다. 아파트단지에서 '엘리베이터에서 인사하기' 캠페인을 한다는 것은 그만큼 이웃과 인사 나누는 것이 어색한 사회가 되었다는 증거이기도 하다. 도시는 "낯선 사람들이 만나는 장소"가 되었다. 그래서 어쩌면 리처드 세넷Richard Sennett의 말처럼 도시에서 더 의미있고 중요한 장소는 익숙한 사람들이 편하게 만나는 곳이 아니다. 낯선 사람들이 교차하는 어색한 공간이

도시를 설명하는 중요한 장소가 될 수 있다.[14]

워스의 연구는 농촌과 대비되는 도시 환경의 특성 속에서 공동체의 소멸과 생성을 말한다. 그는 도시에서 전통적인 공동체는 어떻게 해체되는지, 그리고 새롭게 만들어지는 공동체는 무엇이 다른지를 설명한다. 도시에서의 상호관계는 더 큰 범위에서 이루어지므로 여러 층위에서 복잡하고 불안정한 형태로 나타난다. 농촌사회에서는 개인이 어디에 속하고 누구와 관계 맺을지를 예측하는 것이 가능하지만, 도시에서는 불가능하다. 이를테면, 과거에는 '김가네 아들은 부모를 따라 자연스럽게 농사를 짓겠지'라고 생각했겠지만, 지금은 옆집 아이가 무슨 직업을 택할지 거의 알 수 없다. 이처럼 오늘날 도시의 모습은 신분과 지역에 따라 예측 가능한 범위에서 사람들과 관계를 형성하였던 과거와 큰 차이를 보인다.

현대사회에서도 새로운 공동체는 만들어진다. 다만 공동체의 성격이 다르다. 개인은 타인과의 관계에서 자신을 만들어나가고, 공동체 안에서 자신의 성격을 표현하거나 지위를 확인받는다. 그러나 사람들이 경제적·정치적·교육적·종교적·오락적·문화적으로 다양한 목적의 공동체에 참여하더라

---

14. Sennett, Richard. (2011) Reflections on the Public Realm. In: Bridge, G., & Watson, S. (eds). *The New Blackwell Companion to the City*. Malden, MA: Wiley-Blackwell, 2011. p. 396.

도, 도시에서는 그것이 개인에게 안정되고 일관된 울타리가 되어주지는 않는다. 상호작용하는 사람들은 많아지지만, 그 수가 많아질수록 관계의 질은 낮아진다.

워스는 이렇게 달라진 공동체의 특성이 오늘날 도시사회 문제의 배경이 된다고 본다. 기존 공동체의 상호정서적 연대가 깨지고 다양한 인종과 문화적 배경의 사람들이 피상적 관계를 맺기 때문에 농촌사회보다 도시사회에서 개인의 정신 쇠약, 자살, 비행, 범죄, 부패 및 무질서 등의 아노미 현상이 더 많이 나타날 수밖에 없다. 워스의 이러한 주장은 오늘날 한국사회의 마을공동체 사업이 추진되는 배경에서도 쉽게 찾을 수 있다. 서울이 "파편화된 개인들의 도시"가 되고, "층간 살인이나 성범죄, 은둔형 외톨이" 같은 도시 문제나 "시민들의 긴장상태, 또는 적대의 심리"를 낳게 된 바탕에는 공동체의 붕괴가 있다.[15] 도시화가 진행될수록 기존 공동체 해체는 가속화되지만, 새롭게 만들어지는 도시사회 공동체는 많은 부조화와 모순을 안고 있으므로 사회문제는 더욱 심화된다.

그러나 이러한 공동체 소멸론의 맹점을 지적하며 공동체는 여전히 지속된다고 보는 입장도 있다. 워스는 '도시 규모

---

15. 서울특별시, 2014, 『2013 서울시 마을공동체 백서: 서울·삶·사람』 p. 7.

가 커질 때 관계망이 약화된다'고 설명하는데, 실제 사람들의 삶은 도시의 규모와 크게 관련이 없다는 것이다. 도시의 규모가 크건 작건 한 사람이 만나는 사람은 한정된다. 농촌 사회건 도시사회건, 가정, 직장, 이웃으로 만나는 사람은 일정 범위 안의 수로 정해져 있고 이 사람들과의 관계가 실질적인 공동체를 구성한다.

　도시에서 전통적인 공동체가 유지되는 사례도 있다. 허버트 겐스Herbert Gans는 『도시 마을 사람들』The Urban Villagers에서 이탈리아계 미국인 공동체를 제시했다.[16] 1960년대 도시화가 진행된 보스턴 웨스트엔드West End의 2세대 이주민은 이탈리아 문화보다는 미국의 스포츠나 대중매체에 빠져 있었다. 미국사회에 완전히 동화된 것으로 보이는 자녀 세대들은 이주 1세대인 부모들과는 다른 문화를 경험하는 듯 보였다. 그러나 한꺼풀 벗겨내고 그 속으로 들어가보면 그들만의 공동체 문화를 발견할 수 있었다. 2세대 이주민들도 1세대와 마찬가지로 휴일이나 기념일을 함께 보내는 등 많은 경험을 공유한다. 전통적인 가족과 또래집단은 변형된 형태로 유지된다. 따라서 도시에서 이전과 같은 친밀한 공동체가 다 사라진 것이 아니며 도시에서도 인종이나 문화적으로 배경을 같이하

---

16. Gans, Herbert J. (1982) *The Urban Villagers: Group and Class in the Life of Italian-americans*. New York: Free Press.

는 사람들의 공동체가 구성될 수 있다. 이들은 자신들을 방어하기 위해 공동체 외부를 향해서는 더 폐쇄적이지만, 공동체 내부에서는 더 끈끈하게 연결된다.

이후로 피셔Fischer나 서틀스Suttles 등의 학자들은 다양한 실증연구를 통해 겐스의 주장에 힘을 실었다. 인간이라면 살아남기 위해서 공동체를 만들 수밖에 없으므로 사회 환경이 달라진다고 해도 공동체는 지속된다고 주장한다. 이처럼 현대 도시사회에서 공동체가 가능한가에 대한 서구 학계의 격렬한 논쟁은 공동체 소멸론과 존속론, 그리고 이 둘을 상호보완적으로 받아들이는 입장으로 분화되며 지속되었다.

그렇다면 이들 주장은 한국사회에 어떻게 적용될 수 있을까? 도시 환경에서는 친밀한 공동체가 형성될 수 없다는 워스 식의 단정적 불가론을 받아들이면, 도시사회에서 만들어지는 마을공동체를 어떻게 설명할 수 있을까. 도시화가 진행되어도 전통적인 형태의 공동체가 지속되는 사례에 대한 겐스의 설명은 다문화·다인종의 미국 도시사회를 이해하는 데 유용할 수 있다. 그러나 민족 정체성을 공유하면서 공동체를 유지하는 미국 내 소수민족의 사례는 한국사회에 얼마나 적용될 수 있을까? 경기도 안산의 다문화특구나 인천 차이나타운 정도는 쉽게 떠올릴 수 있지만, 한국사회 일반으로 확대해 적용하기에는 무리가 있다. 이처럼 서구에서 진행되었던 논의들—워스의 소멸론이나 겐스의 존속론—로 한국사회를 해석하기는 어렵다. 그렇다면 공동체 가능성에 대해 우리는 어떠한 논의를 해왔을까?

묻지 않았던 질문, '오늘날' 마을공동체 만들기는 가능한가

한국사회에서 1960년대는 몇 가지 주요한 변곡점을 보여준다. 이때는 한국경제가 고도의 압축성장을 시작하면서 도시로 인구가 급속도로 유입되는 시기였으며 노동, 주거, 빈민 등의 사회문제가 드러나기도 했다. 그리고 이 문제를 해결하기 위한 운동적 실천들이 삶의 현장에서 시작된 때이기도 하다.

급변하는 사회에서 공동체를 유지하거나, 사회문제를 공동체적으로 대응하려는 시도가 시작되었다. 그러나 공동체에 대한 이론적 논의가 활발해진 시기는 2000년대 이후로 볼 수 있다. 1997년 IMF 외환위기를 지나며 더 나은 삶에 대한 새로운 해석과 대안적 삶의 형태로 공동체가 주목받고, 2000년대 이후 도시공동체 실험이 중앙 및 지방정부 사업에 도입되면서 학계에서도 공동체 정책 연구가 본격화되었다. 마을공동체 사업을 주제로 한 학계의 논의는 대부분 '왜 공동체가 필요한가'나 '공동체는 무엇인가' 하는 본질적 물음이 아니라, '정책사업을 어떻게 진행할 것인가'에 맞춰져 있었다. 거기에는 마을공동체 사업의 계획 방향, 내용과 과정, 사업 후 성과평가, 그리고 지속 가능성에 대한 분석들이 포함된다. 또한 공동체를 활성화시키기 위한 정책 및 지원과제를 발굴하는 데 초점이 맞추어져 있다.[17]

현장을 다루는 연구들도 있다. 공동체 현장에 관심을 기울이는 연구들은 주로 성미산마을, 삼각산 재미난마을 등과 같이 이른바 성공사례로 언급되는 지역이나 서울시 등의 사업을 통해 새롭게 성장한 마을공동체의 경험을 소개한다. 또한 공동체의 참여 주체나 특정 지역 및 사업영역별 사례를 다루면서 현황과 한계를 지적함으로써 우리 사회에 어떤 공동체를, 어떻게 만들 수 있고, 그 효과는 무엇인가 등을 설명하려 한다. 이러한 공동체 연구는 학계가 현장에서 적용될 수 있는 실천과 방향을 주제화함으로써 연구와 현장 간의 틈새를 좁혔다는 점에서 의미가 있다. 그러나 이들 연구에는 중요한

---

17. '마을만들기'를 주제로 한 KCI 등재학술지 게재 논문의 연도별 편수 및 주제에 대해서는 다음의 논문을 참고. 정석·김택규, 2015. "국내 '마을 만들기' 연구 동향과 '사람'에 중점을 둔 연구의 특성 분석."『한국도시설계학회지 도시설계』. 16(5): 123-138.

부분이 누락되어 있다. 미국사회에서 오랫동안 논쟁을 벌여온 공동체 형성 가능성에 대해 우리는 적극적으로 이론적 논의를 벌이지 않았다. 대부분의 연구는 가능성을 묻기보다는 공동체의 형성과 성장에 대해 막연히 낙관적 시각을 갖는다. 이 때문에 현장에서도 마찬가지의 생략이 있었다. '오늘날 도시에서 공동체가 가능한가'라는 질문은 던지지 않고, 그다음 단계인 공동체 '만들기'에 몰두해왔다.

나는 묻지 않았던 질문, '오늘날' 마을공동체 만들기가 가능한가를 질문함으로써, 공동체 만들기에 잇따르는 다른 질문들의 답을 찾을 수 있다고 생각한다.

첫째, 오늘날의 도시사회의 맥락과 연결해서 공동체 만들기를 어떻게 이해해야 할지 답을 찾을 수 있다. 워스를 비롯해서 공동체가 불가능하다는 주장의 핵심에는 현대사회의 특성이 배경을 이룬다. 즉 이전과 같은 친밀한 공동체가 만들어지기 어려운 이유는 오늘날의 도시사회에서 사람들이 만나고 관계 맺는 방식이 달라졌기 때문이다.

식물이 자라기 어려운 이유가 토양 때문이라면 분갈이를 새로 하든 거름을 주든 토양 환경을 바꿔주는 것이 해결책이다. 마찬가지로 공동체가 만들어지기 어려운 이유가 현대 도시사회의 특성 때문이라면, 토양이 되는 이 사회의 특성을 바꾸어야 한다. 그러나 이미 거대도시가 된 서울에서 도시로서의 특성을 걷어내는 것이 과연 가능한 일일까? 서울시가 마을공동체 만들기를 이야기할 때, 많은 사람들이 '터무니없는 말'이라고 치부했던 이유는 이러한 논리적 사고에서 나온 결론이기도 하다. 이런 논리대로라면 공동체를 만들어야 한다는 주장 역시 도시사회의 구조를 뜯어고쳐 다시 옛날로 돌아가야 한다는 결론으로 나아갈 수 있다. 이처럼 공동체를 만들자는 구호가 자칫하면, 어릴 적 고향 마을에 젖어드는 노스탤지어nostalgia니, '우리 것이 좋은 것이여'와 같은 국수주의로 빠질 위험도 있다. '오늘날 도시사회의 토양에서 공동체를 심고 성장시키는 것이 가능한가'에 대한 질문이 '공동체를 어떻게 성장시킬 것인가'보다 중요한 이유가 바로 여기에 있다.

현대사회의 특성 속에서 공동체 만들기가 어떻게 가능한가. 힌트는 퇴니스Tönnies의 공동체 연구에서 찾을 수 있다. 전통적 공동체와 새로 등장한 공동체의 성격에 대한 워스의 생각은 퇴니스 연구에 상당 부분 빚지고 있는데, 1855년 발표된 그의 저서 『공동(체)사회와 이익사회: 순수사회학의 기본개념』Gemeinschaft und Gesellschaft: Grundbegriffe der reinen Soziologie에는 그

유명한 게마인샤프트^{Gemeinschaft}와 게젤샤프트^{Gesellschaft}에 대한 설명이 담겨 있다.[18] 그는 거대한 문화발전 속에서 공동사회 시대는 이익사회 시대로 접근하고 있다고 보았는데, 여기서 전통적인 공동체가 게마인샤프트이고 현대적 공동체가 게젤샤프트이다. 사회는 전통적 질서가 유지되는 공동체 사회인 게마인샤프트에서 개인의 자유의지에 기반을 둔 계약과 명문화된 규칙을 중요시하는 게젤샤프트로 변형돼왔다. 따라서 워스의 이론은 도시에서 게마인샤프트적 관계의 불가능성과 새로운 관계로서 게젤샤프트를 언급한 것이다. 워스 이론에 대한 설명에서 '새로운 공동체'라고 표현했지만, 퇴니스 관점에 따라 구분하면 게젤샤프트는 공동체라기보다는 계약으로 형성된 결사체이다. 그러니까 일정한 목적에 따라 만들어진 조직을 떠올리면 되는데, 회사, 학교, 교회 등이 여기에 속하며 각각 회사공동체, 학교공동체, 교회공동체로 표현될 수 있다. '지역'의 범주를 벗어난다는 점에서도 게마인샤프트와는 차이가 있다. 전통적 공동체인 게마인샤프트를 유지하는 바탕에는 '토지 소유'가 있다. 힐러리의 연구에서 강조되었듯이 퇴니스도 지역으로부터 관계가 시작되고 전통의 가족적 질서, 신분질서, 관습 등이 생겨난다고

---

18. 페르디난트 퇴니스. 2017. 곽노완 · 황기우 역. 『공동사회와 이익사회: 순수 사회학의 기본개념』. 서울: 라움.

보았다. 반면, 게젤샤프트를 지탱하는 힘은 '무한하고도 만능인 화폐와 자본'에 있다. 지역은 일시적이고 선택적인 주거 장소일 뿐이고, 계약에 따라 이해관계가 생겨난다. 따라서 관계는 전인적이 아니라 특정 관계에 한정된 비인격적 교류이다. 회사에서는 고용계약에 따라, 학교에서는 교칙에 따라, 교회에서는 종교적 규율에 따라 관계 맺고 소속된다. 아침부터 저녁까지, 출생부터 죽음까지 공유하는 전통적인 공동체에서의 관계와는 분명 다르다. 워스가 도시에서 관계의 불안정성을 언급한 것도 어느 공동체에도 전적으로 결합할 수 없는 게젤샤프트의 특성을 다시금 설명한 것이라 하겠다.

그러나 이런 식의 이야기를 들으면 마음 한편에서 '꼭 그렇지만은 않잖아'라고 이의제기를 하고 싶어진다. 고용계약서에 따라 회사에서 일하지만 가장 많은 시간을 함께 보내는 회사 동료이기에 삶의 고민을 털어놓기도 하는데 어떻게 그들과의 관계를 '비인격적'이며 '피상적'이라고만 할 수 있단 말인가. 등산클럽에서 매번 만나는 친구나, 동네 학부모 모임, 직장 동료들과 함께하는 동호회에서 느꼈던 친밀감과 연대감은 아무것도 아니란 건가. 공동체사회(게마인샤프트)가 이익사회(게젤샤프트)로 전환되었다는 설명에서 모든 관계와 소속감은 부정되는 것 같다.

그러나 이 불편함은 다행히도 퇴니스 이론을 오해했기 때문에 빚어진 것이다. 그는 도시의 결사체들 속에서도 공동체적 지향을 가질 수 있다고 틈을 열어놓았다. 반대도 마찬가지다. 오늘날 공동체적 지향을 가졌다 하더라도 게마인샤프트적 관계로만 유지될 수 없고 홉스적 투쟁인 게젤샤프트도 동반된다는 것을 잊지 말아야 한다. 다시 말해, 퇴니스 연구의 핵심은 '전통적인 공동체의 소멸, 그리고 새로운 결사체의 등장'이라는 직선적 발전단계를 설명하는 것이 아니다. '변형되어가는 게마인샤프트를 어떻게 유지할 수 있는가'를 모색하는 것이 퇴니스 연구의 궁극적 목적이었다. 단선적 해석에서 벗어나면 현대사회를 순도 100%의 이익사회로 해석하는 오해에서도 탈출할 수 있다. 이런 오해에서 벗어나면 오늘날 도시에서도 공동체를 만들 수 있겠다는 희망이 보인다.

전통적인 사회의 퇴락과 완전히 다른 특성의 도시사회의 탄생을 설명하면서 이질적 대립항을 설정했던 것부터 오류다. 많은 비교연구는 극명한 특성을 보여주기 위해 대립항을 제시하는데, 도시연구도 마찬가지다. 도시 고유의 특성을 설명하기 위해서 전통적인 농촌마을과 무엇이 다른가에 줄곧 초점을 맞춰왔다. 전통사회와 현대도시를 대비시켜 정의하며 현대도시는 세속적이고 이질적이고 비인격적이라면, 전통사회는 소규모이고 고립적이며 동질성을 가진 사람들이 친밀한 관계를 맺는다고 설명해왔다. 그러나 어디가, 혹은 어디까지가 도시일까? 우리는 농촌의 전원적 모습과 대비되는 빌딩 숲의 도시 이미지를 쉽게 떠올리지만, 지도를 펼쳐놓고 도시와 농촌을 나누어 색칠할 수 있을까? 객관적이고 과학적 통계지표로 여겨지는 도시화율도 마찬가지 맹점이 있다. 도시와 농촌을 명확하게 경계짓기 어렵기 때문에, 통계 출처에 따라 도시 기준에 대한 접근방식도 조금씩 다르다. 어디까지를 도시로 볼 것인가의 해석 차이에 따라 국토교통부(한국토지주택공사), 유엔, OECD의 같은 해 도시화율이 많게는 9% 가까이 차이를 보인다. 이처럼 도시를 규정하기가 어렵기에, 리브커 야퍼와 아나욱 더코닝Rivke Jaffe & Anouk de Koning은 구성주의적 관점에서 도시를 '사회적 구성물' social construct로 설명한다.[19] 도시와 농촌의 명확한 경계는 다수의 사람들이 그렇게 여기는, 어떤 보이지 않는 선에 의해 나뉘는 것이지, 본질적이고 불변의 특성으로 구분되는 것이 아니다. 즉 사람들이 도시라고 믿을 때 그곳이 도시가 된다. 마찬가지로 한국사회가 언제까지 게마인샤프트였고 언제부터 게젤샤프트인가를 명확하게 나눌 수도 없다. 이들은 사회 특

---

19. 리브커 야퍼·아나욱 더코닝. 2020. 박지환·정헌목 역. 『도시인류학: 우리가 사는 세상을 해석하는 방법』(*Introducing Urban Anthropology*). 일조각. pp. 17-18.

성을 극적으로 대비시키는 하나의 이념형$^{ideal type}$으로 이해하는 것이 적절하다.

현대 도시사회가 농촌사회와 극단의 대립항으로 완전히 구분되지 않는다는 것, 게젤샤프트로 보이는 사회에서도 게마인샤프트의 모습이 공존할 수 있다는 것이 현대사회에서 공동체의 가능성에 대한 질문의 답을 찾는 것과 어떻게 관련되는가. 퇴니스는 게마인샤프트적 공동체를 형성한다는 것은 "이익사회를 파괴하든지 그렇지 않으면 그것을 개조해서 새것으로 만들 결심"을 해야 한다고 말한다.[20] 그런데 문제다. 현대사회의 틀을 뒤엎는 전환은 거의 불가능해 보이기 때문이다. 물적 토대를 화폐와 자본에서 다시 토지로 돌리거나, 계약과 규칙의 원리를 관습과 전통이라는 질서로 바꾸는 것이 과연 가능할까. 불가능하다 현대사회에서 공동체를 만들기 위해 실현 가능한 대안은 전면적 개혁이 아니라 부분적 보완과 수정이다. 조건과 토대 자체를 뒤엎는 것이 아니라, 현대사회 구조 속에서 공동체를 절충하는 것이다. 식물이 자랄 수 있는 환경을 만들기 위해 아예 토지를 개간할 것이 아니라, 토지를 비옥하게 만들기 위해 거름을 주고 잡초를 뽑는 일을 해야 한다. 현대 도시사회의 지배적 특성은 게젤샤

---

20. 페르디난트 퇴니스. 앞의 책, p. 350.

프트에 가까워서 친밀한 공동체가 만들어지기 어렵지만, 그래도 여전히 게마인샤프트가 공존하고 있기 때문에 현대사회에 부분적 수정을 가하며 공동체 만들기를 시도해볼 수 있는 것이다. 서울시의 마을공동체 만들기 사업도 전면적 개혁이 아니라, 이와 같은 부분적 보완과 수정의 전략을 취하고 있는데, 우리는 이를 2장과 3장에서 자세히 살펴볼 것이다.

둘째로 '오늘날 도시사회에서 공동체가 가능한가'라는 질문에 기초해 공동체를 도시사회의 문제를 해결하는 일종의 치트키처럼 여기는 관점에 대해 다시 생각해보기를 제안한다. 마을공동체 사업을 비롯해 공동체 만들기를 지지하는 사람들의 다수는 공동체의 필요성을 다음과 같이 설명한다.

- 급속한 도시화·산업화는 다양한 사회문제를 양산했다.
- 사회문제에 대한 해결은 다시 공동체를 살리는 것이다.

공동체와 사회문제에 대한 위와 같은 설명에 물음표를 붙여보자. 먼저, '급속한 도시화·산업화는 다양한 사회문제를 양산했을까?' 사스키아 사센Saskia Sassen은 현대 도시사회가 안고 있는 주된 문제가 단순히 급속한 도시화·산업화만으로 해석될 수는 없다고 답한다. 그가 주장하는 세계도시global

^{city} 개념에도 녹아 있듯이 문제의 핵심은 '노시화' 그 자체가 아니라 '도시화가 자본과 권력에 의해 이루어졌다'는 데 있다. 오늘날 도시는 발전할수록 더 많은 힘을 행사한다. 개인의 신체에 흔적을 남기고 각인시킬 정도로 활동적인 힘이다. 경쟁과 평가, 배타적 차별 등을 통한 통제는 개인을 세계도시 문화로 흡수시키고 변화시킨다. 사센은 이렇게 개개인을 통제하고 변형시키는 힘이 서구, 기술, 기업 등과 같은 주체에 의해 이루어진다는 점을 지적한다. 따라서 오늘날 도시가 "모순적인 공간"contradictory space이 된 것은 단순히 도시의 발전이 빚어낸 결과가 아니다. 도시는 권력이 집중되어 모순이 가시화되는 공간이다.[21]

이것은 도시사회 공동체 문제를 해석하고, 우리가 만들 공동체 상을 그리는 데 아주 중요한 시각이다. 도시화 과정에서 자본의 힘을 삭제하고 문제의 원인이 오롯이 도시화나 산업화에 있다고 단정 지을 때, 공동체를 만들자는 노력이 도시의 현대성을 거슬러야 한다는 결론에 다다르기 때문이다. 이런 결론을 따르자면 도시화가 만들어낸 사회문제를 해결하기 위해서 우리는 산업의 이기를 버리고 농업이나 수공업에 기반을 둔 자급자족의 공동체적 삶으로 돌아가야 한다.

---

21. Sassen, Saskia. (2011) Analytic Borderlands: Economy and Culture in the Global City. In: Bridge, G., & Watson, S. (eds). 앞의 책. pp. 210~220.

'공동체를 만들자'는 구호가 곧 '자연인으로 돌아가자'로 받아들여진다. 도시와 공동체는 필연적으로 공존할 수 없으므로, 도시를 버려야 한다. 그러나 거듭 강조하지만 사회문제는 단순히 도시화·산업화의 결과가 아니다. '자본과 권력에 포섭된 도시화 과정이 공동체를 해체하고, 사회문제를 일으켰다.' 우리가 공유해야 하는 전제는 이것이다.

그렇다면, '사회문제의 해결은 다시 공동체를 살리는 것이다'라는 문장에도 물음표를 붙여보자. '공동체의 회복으로 사회문제를 해결할 수 있는가?' 자본주의의 소외를 해결하기 위한 대안으로 공동체를 제시하는 주장에는 암묵적 전제가 있다. 이를테면, '좋은 공동체'와 '나쁜 자본주의'의 개념적 대립이다. 공동체는 '좋은' 가치들, 즉 협력, 평등, 친교 등과 같은 이상적 가치를 구현하는 장으로 여겨진다. 반면 자본주의는 오늘날 경쟁적이고 소비적 사회구조를 만들고 풍요롭고 발전된 이면에 빈곤, 불평등, 환경 등의 문제를 야기한 주범으로 지목된다. 그러나 미란다 조셉^{Miranda Joseph}은 이러한 생각은 공동체에 대한 낭만주의적 담론에 불과하다고 꼬집는다. 조셉은 자본주의와 공동체가 대척관계가 아니라 실은 동맹관계에 있다고 본다. 공동체와 자본주의는 서로 연결되어 있을 뿐만 아니라, 상호보완적이다. 단순히 서로 보완하는 관계만이 아니라, 역동직인 관계 속에서 "완선하고 안정적인 시스템"complete and stable system을 형성한다. 역사적으로 공동체는 자본의 힘에 맞서 싸운 것이 아니라 젠더, 인종, 국가의 사회적 위계를 정당화하면서 오히려 지배와 착취가 유지되고 정교화되는 데 이바지해왔다.[22] 그의 설명처럼 자본주의와 공동체가 공모관계라면, 자본의 도시에서 나타나는 사회문제를 공동체가 해결하겠다는 발상은 고양이에게 생선을 맡기는 셈이다. 사회문제를 해결하기 위한 치트키로 공동체를 활용할 수도 없다.

공동체와 자본주의의 긴밀한 연계에 대한 조셉의 주장에 동의할 수 없다면, 일단 여기서는 작은 의심만 품길 바란다. 공동체는 확실히 '좋은 것'인가? 우리 사회에서 공동체를 '확실한 선, 삶의 질, 보살핌, 이타심, 소속감'과 같은 낭만적 서사와 연결 지을 때, 그 속에 감추어진 다른 진실은 없을까?

우리는 한국사회의 현실을 조망하며 살펴보는 것으로 조셉의 이의제기에 대해 생각해볼 텐데, 공동체에서 사회문제를 해결하겠다는 기획이 현실에서 어떻게 나타나는지는 3장과 4장에서 주로 살펴볼 것이다. 그리고 다음 장에서 조셉의 의심, 자본주의와 공동체의 공모관계에 꼬리를 물고 연달아

22. Joseph, Miranda. 2002. *Against the Romance of Community*. Minneapolis: University of Minnesota Press. pp. 7-36(introduction).

제기될 수 있는 물음을 검토하고자 한다. 바로 국가의 공동체 만들기야말로 국가체제를 정당화하는 데 공동체를 동원하는 정책일 뿐이라는 비판의 지점이다.

2장

사업으로 공동체를
만들 수 있을까?

| 마을공동체 만들기가 새마을운동 아닌가요? |

잘 살아보세 잘 살아보세 우리도 한번 잘 살아보세

금수나 강산 어여쁜 나라 한 마음으로 가꿔가며

알뜰한 살림 재미도 절로 부귀영화 우리 것이다

잘 살아보세 잘 살아보세 우리도 한번 잘 살아보세

잘 살아보세

—「잘 살아보세」(한운사 작사, 김희조 작곡)

　나는 새마을운동을 경험하지 않은 세대지만, 부모님 세대에 마을 방송으로 새벽마다 울렸다는 '잘 살아보세' 도입부는 흥얼거릴 수 있다. 미디어에서 재현하는 그 시대 드라마나 예능 프로그램에서 자연스럽게 익히기

〈그림 2〉 새마을운동 지붕개량 작업에 나선 농부들

도 했고, 학교 수업 시간에 배우기도 했다. 부족한 식량 문제를 해결하기 위해 보리쌀을 섞어 먹었고, 새벽마다 이웃이 함께 골목길을 쓸었다는 선생님 설명을 듣고 집에 와서 그 말이 진짜라는 것을 부모님께 확인받았던 기억도 있다.

　'우리도 한번 잘 살아보자'는 새마을운동은 배고픔을 극복한 오늘날까지 이어지고 있다. 전국에 민간 조직으로 펼쳐져 있고, 박근혜 대통령 재임기에는 해외 농촌마을의 발전을 돕는 공적개발원조^{ODA, Official Development Assistance} 모델로 수출되었다. 새마을운동이 목표로 삼고 있는 '함께 잘사는 공동체'와 오늘날의 마을공동체 만들기 사업은 다른 것인가?

마을공동체 만들기가 새마을운동의 현대판 버전이라는 주장과 마을공동체 만들기 사업의 '새로움'을 강조하는 주장을 살펴보며 '사업으로 공동체를 만든다는 것'에 대해 생각해보자.

새마을운동의 마을만들기

2000년대 이후 마을공동체 만들기 사업이 시작되면서, 크게 두 입장이 격렬하게 부딪쳤다. 한편은 마을공동체 만들기가 새마을운동과 결이 다르다고 강조하고, 다른 한편은 마을공동체 만들기와 1970년대 새마을운동을 같은 맥락에서 이해해야 한다고 주장한다. 마을공동체 사업과 새마을운동을 엮어서 봐야 한다는 주장은 다시 또 두 입장으로 나뉜다. 단순하고 거칠게 나누자면 보수적 입장과 진보적 입장이다. 보수주의자들은 마을공동체 만들기 사업을 박정희 정권의 새마을운동, 그리고 박근혜 정권의 제2의 새마을운동과 연결해서 이해하려 한다. 진보주의자들은 비판적 관점에서 둘을 연결하는데, 오늘날 마을공동체 사업이 결국 새마을운동의 복사판에 불과하다고 본다.

새마을운동은 정책목적과 사업의 성과, 그리고 전반적인

평가가 저마다 다르다. 때문에 마을공동체 만들기 사업과 엮어서 봐야 하는지 아닌지에 대해서도 입장이 대립한다. 여기서는 새마을운동에 대해 결론을 내리기보다는 다양한 견해를 검토함으로써 사업으로 공동체를 만든다는 것이 한국사회에서 어떻게 구현됐는지, 그리고 그것이 가능한지를 가늠해보고자 한다. 새마을운동과 마을공동체 만들기가 각각 어떠한 사업인가를 분석하며, 국가 정책사업으로 진행되는 공동체 만들기 가능성에 대한 질문의 답을 찾아가보자.

먼저 새마을운동의 성격을 이해해야 한다. 새마을운동은 박정희 정권이 1970년부터 시작한 핵심 사업이다. 유신정권은 안정적 경제발전을 위해서는 국민의 일상적 삶부터 새롭게 개혁되어야 함을 강조하였다. 또한 개개인의 실천과 마을 단위에서의 협동으로부터 국가 단위의 위기를 극복하고 경제발전을 달성해나갈 수 있다고 보았다. 가장 대표적인 것은 사업 초기부터 진행된 농촌의 환경개선사업이다. 정부는 마을에 시멘트를 무상으로 지급하고 공동사업을 추진하도록 했는데, 마을 사람들은 마을 담장을 쌓아 올리거나 길을 닦거나 농로나 저수지를 건설하였다. 사업의 성과는 정부의 기대 이상이었다.

이 운동은 1970년 11월부터 다음 해 3월까지 농한기에 전국 3만 5천 마을에 300여 포대의 시멘트를 나누어주는 것으로 시작되었다(이것은 세대 당 4포, 당시 시가로 4,000원에 상당하는 금액이었다. 시멘트의 무상지원과 관련하여 흥미로운 것은 새마을운동 당시 시멘트업계의 심각한 불황을 타개하기 위한 수단으로 활용되었다는 증언이 있다). 그런데 1만 6천 마을에서 기대한 것보다 월등한 성과가 나타났다. 투자에 비해 엄청난 무상의 노동력이 투입됨으로써 많은 농촌 마을의 숙원사업이 이루어졌다. 2차 연도에는 1만 6천 마을에 시멘트 500포대와 철근 1톤씩을 배분해주었다. 이를 통해 1972년 전국 마을의 65%에 해당하는 22,700마을에서 마을 주변의 도로를 바로잡고 폭을 넓히는 일을 해냈다. 그 길이는 총 7,400km로 마을당 평균 320미터에 상당하는 것이었다. 이 모든 사업에서 정부로부터 토지보상금은 지불되지 않았는데, 이것은 1·2차 경제개발계획으로 쏟아부은 기간산업 및 사회간접자본 비용과 비교할 때 국가가 위로부터 동원한 '새마을사업'이 아래로부터의 참여를 통한 무상의 '사회간접자본'을 동원해낸 획기적인 결과였다.[23]

농촌에서 사업의 성공이 확인되고, 운동은 도시로도 확

<hr />

23. 오유석. 2003. "1970년대 농촌새마을운동에 대한 역사적 평가." 『한국농촌경제연구원 연구자료』. p. 473.

대되었다. 그러나 도시의 조건은 농촌과 달랐다. 농촌에서는 겨울철 농한기에 집마다 한두 사람씩 모여서 공동우물을 만들거나 길을 넓히는 등의 활동이 가능했지만, 도시에서는 공동체의 노동력을 동원할 수 없어 환경정비나 녹화작업 등의 공동체 작업이 활발하게 진행되기 어려웠다. 이에 도시 새마을운동은 지역에서만이 아니라, 직장 새마을운동, 학교 새마을운동, 가정 새마을운동으로 형태를 바꾸어 전개되었다. 새마을 청소를 일상화하고, 소비 절약을 실천하거나 생활오물 분리수거를 철저히 하는 등의 개별 실천이 요청되었다. 이 시기 도시에서 진행된 새마을운동 수기에는 마을지도자의 역할과 운동의 내용이 담겨 있는데, 부산시 동래구 부곡동의 새마을운동 수기를 보면 연결망이 구축되지 않았던 도시마을에서 부녀회를 만드는 과정이 어떠했는지를 떠올려볼 수 있다.

1974년 9월 부녀자 자질향상과 건전가정 육성 및 근검절약 저축건강을 목적으로 부곡동 부녀회를 발족하기로 마음먹었읍니다. 부녀회원의 지역적인 분포를 위하여 부녀회 가입원서를 가지고 집집마다 방문하였읍니다. 변두리 동반에서는 무슨 기부금이나 걷우려 왔는가, 월부장사가 왔는가, 생각하고 아예 부녀회 조직의 목적과 취지를 들으려고도 하지 않았습니다. 그러나 어떤 굴욕도 참고 견디며 차분한 마음으로 우리 동 위치와 정세를 상세히 말씀드리고 우리도 집안 살림 깨끗이 살고 남은 시간을 이용하여 교양강좌도 가지고 또 지역을 위하여 좋은 일 할 수 있는 기회를 마련하기 위한 모임이라고 얘기하니 그런 부녀회는 사장 부인, 고급 공무원 부인들이나 돈 쓸 데 없는 사람이 모이는 단체지 감히 우리 영세민들이 모일 수 있는 단체가 아니라고 잘라 말했읍니다. 그러나 집안일도 제쳐놓고 아빠의 출근일도 모르고 아이들의 등굣길도 모르고 부녀회 조직에 미쳐서 쫓아 다녔읍니다. 그제사 몇 사람씩 약간 뜻을 같이해주었읍니다.[24]

도시에서는 마을공동체 사업이 진행되기에 앞서, 관계가 없던 사람을 만나 상호작용하고 '우리도 함께 무언가 해보자'라는 지향을 공유하는 과정이 필요했음을 보여준다. 또한 그 일이 얼마나 고단한 과정이었는가도 짐작할 수 있다.

24. 『새마을운동아카이브 성공사례:부녀회가 앞장선 부곡새마을』: pp. 45-47. (http://archives.saemaul.or.kr/record/searchDetail/view/124864?searchEnabl e=1&keyword=%EB%8F%84%EC%8B%9C&pg=678&yearStart=1960&yearE nd=2021)

관 주도 사업인가, 주민 주도 사업인가

정부도 농촌과는 다른 도시의 환경에서 새마을운동이 활성화되기 어렵다는 문제를 인식하고 있었는데, 그 한계를 해결할 방법으로 '관의 지도'를 꼽았다.

박대통령은 "농촌 새마을운동이 잘돼가고 있는 데 반해, 도시는 농촌보다 여건이 다르고 관심도 적어 도시새마을운동이 어려운 것은 사실이나, 하고자 하는 의욕과 방법이 중요하다"면서 "유지들이 모여 살기 좋고 명랑한 고장을 만들기 위해 할 일이 무엇인가를 연구하여 이웃돕기, 도로정비 등 가능한 것을 찾아 자력으로 실천하면 될 것"이라고 말했다. 박대통령은 "현재 도시 사람들은 새마을운동에 대한 인식이 부족한 만큼 관은 이 운동이 추진될 수 있도록 분위기 조성을 위해 지도해나가야 하며 그렇게 되면 도시새마을운동도 반드시 성공될 수 있을 것"이라고 말했다.[25]

박정희 정권은 현장의 부족함을 이겨내고 공동체사업을

25. 조선일보. 1976. 3. 25. "도시 「새마을」 분위기 조성토록" (https://newslibrary.naver.com/viewer/index.nhn?articleId=1976032500239101017&editNo=1&printCount=1&publishDate=1976-03-25&officeId=00023&pageNo=1&printNo=16913&publishType=00010)

성공시키기 위해서는 관이 분위기를 만들고 지도해야 한다고 보았다. 새마을운동에 가해지는 가장 주요한 비판이 바로 이것인데, 주민의 자발적인 협동과정으로 포장되어 있지만 결국 관 주도의 지역개발사업에 불과하다는 것이다. 새마을운동 당시의 기록을 살펴보면, 지방공무원이 지역을 배정받으면 사업을 성공시키기 위해 백지 사표를 맡겨두고 비장한 각오로 마을에 들어가기도 했다. 공무원이 마을 현장에 들어가서 사업을 추진할 때, 사실상 주민들의 노동력에 대한 보상은 없었다. 길을 새로 내거나 넓히는 환경정비사업에 개인 소유지가 포함되기도 했다. 내 집 헛간이나 화장실을 헐어야 하는 일도 비일비재했는데, 불만이 생기더라도 국가 보상 없이, '마을을 위해 그 정도는 다들 조금씩 희생하자'는 식으로 넘어가곤 했다. 관이 분위기를 조성하며 지도하더라도 주민의 참여와 희생 없이는 성공하기 어려운 기획이었다.

주민의 적극적 참여를 독려하여 정책목표를 효과적으로 달성하기 위해 운동 초기에 정부 차원의 추진협의체가 구성되었는데, 그 핵심에는 새마을지도자가 있었다. 마을 단위마다 마을개발위원회가 구성되어 새마을지도자를 도왔다. 말단기구는 읍면장을 위원장으로 하고 지서장, 향토학교장, 농촌지도소장, 단위농협장, 수협장, 우체국장, 새마을지도자,

그 외에 중요 인사를 위원으로 구성하였다.[26] 박정희 전 대통령은 주민들이 근면·자조·협동 정신을 가지고 자발적으로 참여하기 위해서 새마을지도자의 역할이 중요하다는 점을 여러 차례 강조하였다. 또한 새마을운동중앙회 홈페이지를 보면, 새마을운동은 "주민의 '삶의 질'을 향상시키기 위해 근면·자조·협동 정신을 토대로 마을 및 지역사회 공동체를 형성하고, 자주적 의사결정을 통해 주민들의, 주민에 의한, 주민을 위한 공동사업을 계획, 실행, 평가 및 환류의 과정으로 접근하는 일체의 지역사회개발"로 정의된다.[27]

새마을지도자를 인터뷰한 한 연구는 이러한 새마을운동의 가치가 명시적으로만 제시된 것이 아니라, 주민의 자발적 참여가 있었음을 강조한다. 한도현은 새마을지도자들이 "과거의 이장처럼 단순한 행정보조가 아니라 발전주의 신념을 확신하고 실천하는 '기업가'"였으며, "정부의 거시적 정책이나 지침을 농민의 언어로 번역하여 주민들을 동원하는 마을기업"였다고 평가한다. 따라서 새마을운동이 관의 일방적 지휘와 강제만으로 이루어진 국가사업이 아니라, 새마을지도자들이 마을의 혁신자로서 사업의 변혁적 리더십을 보여준 주민 주도적 사업이었다고 본다.

---

26. 오유석. 앞의 논문. pp. 475-476.
27. 새마을운동중앙회 홈페이지(www.saemaul.or.kr).

"70년대 접어들면서 새마을운동을 시작하면서 그때부터 농민들이 눈을 동그랗게 뜨기 시작되는 거예요. 엄청났어요. 70년대는 뭐. 그때는 누가 하라고 안 해도 동네사람들 보십시오. 삽, 괭이 들고 신이 나면 자기 동네, 자기가 넓히고, 뭐 좀 하려면 경운기 못 들어와. 우리 동네 경운기가 들어와야 돼. 여기 길 좀 넓혀야 돼. 그래서 우리 집 담장 헐어내. 내가 이 밭 한 구텅이 줄게. 그거 정부가 하라고 한 거 아니에요. 나부텀도 우리 마을에 땅도 내고 회관도 지어주고 했지만 그거 하라고 해서 한 것 아니에요. 정부 하라고 시켜서 한 것 아니에요."[28]

　　그러나 마을을 새롭게 일구려고 일반 주민들까지 자발적으로 참여했는가를 판단하는 데는 주의가 필요하다. 한도현의 연구에서 새마을지도자의 적극적 참여는 분명히 확인된다. 그러나 새마을지도자들은 "좀 안 되는 데는 윽박지르기도 했지, 싸우기도 하고, (⋯) 강제도 좀 하고, 그때는 강제도 먹혀들어 갔다. (⋯) '거짓말까지 해가면서 엄포'도 놓았는데, '선량한 농민이니까' 들어주었다"고 말한다.[29] 이와 같이 새

---

28. 한도현. 2010. "1970년대 새마을운동에서 마을 지도자들의 경험세계: 남성 지도자들을 중심으로." 『사회와 역사』 88: 287.
29. 한도현. 같은 논문: pp. 283-288.

마을지도자의 적극적 설득과 강제가 동반되었다면, 일반 주민은 새마을운동에 참여한 것인가, 아니면 동원된 것인가.

새마을지도자를 인터뷰한 다른 기록을 보면, 사업 현장에서 주민의 자율성이 보장되기 어려웠다고 보고한다. "관 주도지. 물론이지, 그거는. 관에서 그런 걸 안 시키고, 안 주면 못했지. 스스로는 못해"[30]라는 새마을지도자의 말은 관이 단지 예산이나 시멘트를 대주는 역할만이 아니라, 운동의 기획부터 실천의 현장까지 주도권을 가지고 있었음을 확인해준다. 참여한 주민 혹은 새마을지도자의 권한은 관이 허락해줄 때, 허락해주는 범위에서만 기능했다. 새마을운동 지도자는 운동 과정에서 졸속으로 선발되었는데 주민 전체 회의에서 선출된 지도자는 절반도 되지 않았다. 실상이 그러하다보니 마을 안에서 실제 지도자로서 권위를 인정받기도 어려웠고, 새마을운동 추진 조직인 리·동 개발위원회가 있었지만 조직은 아무런 정책결정권을 갖지 못했다. 때문에 새마을운동에 대한 학계의 평가는 대체로 박하다. "매우 권위주의적이고, 전시행정적인 실적위주, 대중동원적이며 관료주의적, 정치적 성격"을 띤 것으로 이야기된다.[31]

30. 윤충로. 2011. "구술을 통해 본 1970년대 새마을운동: 새마을지도자 '만들기'와 '되기' 사이에서." 『사회와 역사』. 90: 95.

31. 오유석. 2011. "가난과 전쟁이 만든 새마을지도자." 『구술사연구』. 2(1): 476.

새마을지도자의 잇갈린 증언처럼, 새마을운동에 대한 평가는 저마다 다르다. 주민의 자발적 참여 과정이었을까, 아니면 운동의 주도권은 관에 있고 적극적 참여자인 새마을지도자들조차 정부의 우선 지도를 받는 피지도자에 불과했을까? 오늘날 마을공동체 사업과 관련하여 새마을운동의 주민 주도성에 대한 평가가 중요한 이유는 두 사업을 같은 맥락에서 볼 수 있는지 아니면 달리 봐야 하는지를 결정하는 기준이 되기 때문이다. 그리고 나아가 주민이 주도하는 정책사업이 가능한지도 타진해볼 수 있기 때문이다.

오늘날 마을공동체 사업은 무엇이 새로운가

오늘날의 마을공동체 만들기 사업이 새마을운동과 확연히 다르다고 주장하는 입장은 사업의 계보를 정부 정책사업으로 진행된 새마을운동이 아니라 민간 영역에서 진행된 사회운동에서 찾는다. 이 관점에서 마을공동체 만들기 사업은 새로운 사회운동의 한 범주가 제도화된 것으로 이해하고, 새마을운동은 정부 주도의 정치적 사업으로 평가한다.

새마을운동이 절차적 성장보다 경제개발 성과를 주요 원

리로 삼았다고 보는 배경은 다음과 같다. 수출주도형 공업화 전략에 따른 1·2차 경제개발계획의 성과는 도시에 집중되었는데, 1960년대 말 농가소득은 도시의 절반 수준으로 떨어졌고 '농촌을 등한시'한다는 문제가 지적되었다. 도시에서도 경제성장 이면의 문제들이 1970년 '광주대단지 사건'(8·10 성남민권운동)과 '전태일 분신사건'을 통해 여실히 드러났다. 이와 같은 사회경제적 배경에서 등장한 새마을운동은 소외된 농촌과 농민, 그리고 노동자를 유신체제에 포섭하려는 하나의 정치적 프로젝트였다. 결국 주민의 자발적 참여가 아니라 정치적으로 주민을 동원한 사업이었고, 사업의 초점은 삶의 질 문제가 아니라 물리적 환경의 정비에 맞춰졌다. 새마을운동의 구호, '삶의 질 향상을 위한 공동체 형성', '주민이 참여하는 공동사업'이 오늘날 마을공동체 사업에서 강조하는 주민주도성과 명시적으로 다르지 않지만, 새마을운동의 실상은 명백히 관 주도 사업이었다는 시각이다.

반면 사회운동으로서 공동체운동은 민간이 주도권을 갖는다. 따라서 공동체운동에 뿌리를 두는 공동체사업은 기존 정부사업들과 성격이 다르다. 공동체사업을 두고 '정부 주도인가, 민간 주도인가' 하는 의심이 애초에 차단된다. 또한 공동체운동은 사회운동의 맥락에 있으면서, 한편으로 기존의 사회운동과 구별되는 '새로운 사회운동'New Social Movement의 한 갈래이다. 새로운 사회운동으로서의 특성이 사업에 얼마나 이식되었는가를 증명함으로써 민간의 공동체운동이 오늘날 마을공동체 사업의 원류라는 주장에 힘이 실릴 수 있다.

그렇다면 새로운 사회운동이 갖는 '새로움'은 무엇일까. 오페Claus Offe의 논의를 토대로 다음의 네 가지 관점으로 살펴볼 수 있겠다.[32]

먼저, 새로운 사회운동인 공동체운동은 개인 삶의 영역에서 출발한다. 기존의 사회운동, 이를테면 노동운동의 목표는 새로운 생산양식이나 사회유형으로의 전환이었다. 노동자에 대한 자본가의 착취와 탄압에서 벗어나기 위해서는 사회가 작동하는 방식이 바뀌어야 했다. 반면 새로운 사회운동은 사회의 구조적인 차원이나 체계와 같은 큰 틀을 바꾸는 것이 아니라, 개인의 삶을 변화시키는 것이다. 국력 배양이나 경제발전과 같은 거시적 담론으로 설명될 수 없고, 내가 살아가는 공간에서 경험하는 어려움과 필요로부터 시작

32. 클라우스 오페. 1993. 정수복 역. "새로운 사회운동: 제도 정치의 한계에 대한 도전(New Social Movements: Challenging the Boundaries of Institutional Politics)," 『새로운 사회운동과 참여민주주의』. 문학과지성사; 알베르토 멜루치(Alberot Melucci). 정수복 역. "새로운 사회운동에 대한 이론적 접근(The New Social Movements: A Theoretical Approach)," 같은 책; 박형신. 2000. "새로운 사회운동의 이론적 이해: 기원, 전개, 전망." 박형신 외. 『새로운 사회운동의 이론과 현실』. 문형.

한다.

둘째로 운동을 진행하는 방식이 다르다. 새마을운동은 현장에 정책을 이해시키고 분위기를 조성하기 위해 공무원이 배치되고, 주민 참여를 촉진하기 위해 민간 지도자를 뽑고 위원회를 조직하는 등 조직구조를 만들었다. 물론 정책사업으로 진행되는 경우에만 조직구조가 있었던 건 아니다. 민간의 자발적 운동들도 조직체계를 갖춘다. 노동운동을 위한 조직들, 전국민주노동조합총연맹, 한국노동조합총연맹 등을 떠올려보자. 이런 조직들은 사무국-지역본부-지역지부, 조합이사장-조합원 등의 형태로 운영된다. 운동에 참여하는 회원이나 조합원 등의 의견을 모으기 위해서는 다수결제나 지역별 혹은 부문별 대표들이 주요 사항을 결정하는 대의제로 운영이 된다. 그러나 민주주의 제도에서 우리에게 익숙한 대의제도나 다수결의 원칙은 생각만큼 완전하지 않다. 대의제도는 전체가 아닌 대표자들의 합의가 곧장 공적 결정으로 인정된다. 다수결의 원칙은 개인 삶의 영역을 침범할 위험도 있다. 다수는 영원히 다수로 남고, 소수는 구조적으로 벗어날 수 없는 소수가 될 수 있기 때문이다. 이 한계를 넘어 새로운 사회운동은 '직접 참여'한다. 관이 동원하거나 몇몇 엘리트가 결정하는 기존의 방식이 아니라, 개방적이고 민주적인 방식으로 진행된다.

셋째, 새로운 사회운동은 모두에게 좋은 것을 고민한다. 공동체 전체를 위한 이익이나 가치를 추구한다는 점에서 특수한 이익을 추구하는 집단운동과 구분된다. 노동운동이 노동자의 이익을, 장애인운동이 장애인의 이익을 대변할 때, 환경운동이나 공동체운동은 모두를 대상으로 한다. 또한 기존의 운동들은 운동의 대상만이 아니라 참여 주체를 한정하기도 한다. 고용주를 노동조합의 조합원으로 받아들이지 않는 것처럼 계급적 속성에 따라 운동 참여자가 제한된다. 기존 운동에는 '사업자-노동자'와 같은 이분법적 관계가 있다. 그러나 새로운 운동의 조직과 연대는 계급을 뛰어넘고 경제적인 이슈와 무관하게 이루어진다는 점에서 기존 운동과 차이를 둔다.

마지막으로 산업사회의 노동운동이 국제주의적이었다면, 새로운 사회운동은 전 지구적이며 유목민적이다. 예를 들어 미세먼지의 피해는 모두에게 평등하다. 그리고 우리가 예측하거나 통제하기 어렵다. 모두에게 공유되는 이 공포는 당장 오늘, 전체 인류가 연대해야 할 이유가 된다. 공동체의 주요한 특징 중 하나가 '지역성'이지만, 공동체운동은 한정된 지역 안의 생활 경계를 뛰어넘기도 한다. 예를 들어 제주도 강정 해군기지 반대 시위에는 상당수의 외부인이 결합하였고, 서울과 부산 등 다른 지역에서도 연대 시위가 진행되었다. 공동체운동은 새로운 사회운동으로서 공간과 시간을 넘어 연대할 가능성을 갖는다.

이와 같은 새로운 사회운동의 특성은 공동체운동에서도 찾을 수 있다. 그리고 공동체운동을 오늘날 마을공동체 만들기 사업의 원류로 본다는 것은, 사업으로 진행되는 마을공동체 만들기에서도 새로운 사회운동의 운동적 특성을 공유하고 있다는 의미다. 예로 서울시장 3선 시대를 맞이하며 박원순 시장(市長)의 슬로건, '내 삶을 바꾸는, 서울의 10년 혁명'은 새로운 사회운동과 공동체운동의 핵심 내용인 '삶의 질'을 전면에 내세웠다. 서울시 마을공동체 사업은 분명 관의 정책 사업이지만, 동시에 시민의 사회운동으로서 새로움을 표방하였고 생산과 물질적 구조로부터 연대적 삶으로의 전환을 구상하였다. 실천 방법에서도 관 주도를 벗어나 개별 행위주체의 적극적 실천을 기대했다. 관의 역할은 "주민이 원하고 자발적으로 신청하는 경우"에 '지원'하는 것이다.[33]

따라서 마을공동체 만들기 사업이 현장에서 잘 구현되는 가를 확인하기 위해서는 위에서 살펴본 '운동적 특성이 발

---

33 서울특별시. 2012. 앞의 책, p. 42.

견되는가'를 지표로 삼을 수도 있겠나. 도시공동체 성책이 현장에 잘 뿌리내릴 때, 새로운 사회운동의 새로움을 규명하는 성격—위에서 살펴본 4가지 새로운 사회운동의 성격 ① 개인 삶의 문제나 필요에 대한 관심 ② 분권적·개방적·민주적 조직구조 ③ 탈계급적 연대 ④ 시간과 공간을 초월한 운동성—이 함께 포착될 수 있기 때문이다.

왜 공동체'운동'은 공동체'사업'이 되었나

새로운 사회운동으로서 마을공동체 운동이 시민사회 현장에서 이미 진행되고 있는데, 왜 정부는 굳이 '사업으로' 하려는 것일까? 언급했듯이, 새로운 사회운동은 다수결의 원칙이나 대의제도와 같은 민주주의 정치의 한계를 넘어서는 수평적이고 개방적인 운동방식을 택했고, 정당이나 의회정치, 관료제에서 집중하는 이슈와 달리 개인의 문제에 집중한다. 제도정치에 한걸음 물러서 있던 새로운 사회운동의 맥락이 왜 제도와 손을 맞잡게 되는 것일까?

오페는 새로운 사회운동이 제도정치 밖, 즉 '비제도정치' noninstitutional politics에 위치하지만, 운동의 효과성을 위해 제도화를 시도한다고 설명한다. 이 과정은 다음의 단계모델^{stage} ^{model}로 설명된다. 먼저 운동 초기에는 구성원들의 저항감정이 강하게 표출되며 제도를 불신한다. 그러나 침체^{stagnation} 단계에 들어서면 제도화의 열망을 가지며 '운동의 재원을 어떻게 마련할 것인가', '전문가를 어떻게 충원할 것인가', '구성원의 역할을 어떻게 효율적으로 나눌 것인가', '효과적인 토론과 조율을 위해 어떠한 방식으로 의사소통할 것인가' 등을 고민하게 된다. 이 단계를 거치며 운동 자체는 형식화과정^{formalization}을 달성하는데, 그 지점에서 운동조직은 갈림길에 서게 된다. 먼저는 조직이 자발적으로 형식화 관료화·집권화되는 것을 경계하며 제도정치와의 거리를 유지한다. 그러나 다른 한편으로는 운동을 확장할 수 있을 거라는 기대속에 제도화의 유혹을 강하게 느낀다. 오페는 서독 녹색당 경험을 근거로 제시하며 새로운 사회운동이 갖는 가치와 특징이 제도화의 장애가 되기도 한다고 보았다.[34]

한국의 상황은 독일과 다르지만 민간 영역에서 진행되는 운동이 제도화 전략을 스스로 택한 점은 유사하다. 박정희 정권 이후 한국의 다양한 정치 세력들이 분할되거나 결집하는 지형을 단순하게 그리면, '민주'와 '반민주'의 구도였다.

34. 이행봉. 1994. "신사회운동과 시민사회." 『지역사회연구』 2: 121-156.

그러나 1987년 민주화 항쟁 이후, 민주 대 반민주의 전선은 해체되었다. 현장의 운동은 이제 합법적인 정치 공간으로 올라왔고, 하나의 흐름으로 수렴될 수 없는 다양한 운동으로 전개되었다. 비단 정당정치에서의 자유만 획득된 것이 아니라, 시민운동이 합법적 공간으로 진입하게 된 것이다. 이로써 시민운동은 이미 합법적 공간에 자리하고 있던 '정부' 그리고 '기업'과 만나게 된다. 시민운동은 여전히 정부나 재벌을 비판하고 고발하지만, 민주적 법의 울타리가 갖추어진 이후에는 전과 같이 '전복하는 운동'을 할 수 없으며 '법에 기초한 운동'으로 전환된다. 운동권과 정부의 경계는 허물어졌다. '민주정부', '참여정부' 시기에는 운동가들이 정부, 정계로 진출하는 사례도 많았다. 이와 같은 시민운동과 정부의 협력적 관계는 운동의 영역에서 구체적 성과로 나타나기도 했다. 운동의 의제가 정책과 법으로 실현되었고, 시민운동은 정부와 협력적이면서도 비판적 견제 세력으로 자리매김했다. 경실련, 참여연대, 녹색연합, 여성재단 등 다양한 시민단체가 결성되어 활동을 시작했다. 공동체운동 역시, 현장의 활동가가 중앙 및 지방정부로 진출하였고, 운동의 지속 가능성을 위해 제도정치와 소통하고 협력하기도 했다. 또한 공동체 의제를 정책화하기 위한 전략적 필요 때문에 제도정치 속으로 자연스럽게 진입했다.

현장의 운동이 전략적으로 제도화를 택했다면, 정부는 왜 운동을 제도로 불러들였는가. 정부의 변화는 지방자치제도에서 찾을 수 있다. 항쟁 이듬해인 1988년 지방의원 및 지방자치단체장에 대한 선거권이 생겼고, 1991년 기초의회 의원 선거와 1995년 지방선거로 광역 및 기초의회 의원과 단체장을 선출할 수 있게 되었다. 그러나 지방자치의 성패는 일회성 선거가 아니라 일상적 주민참여에 달려 있기에 분권만으로 지방자치가 이루어질 수는 없다. 주민참여가 활성화되지 않은 상태에서 지방분권이 시도될 경우, 권력은 소수의 지역 엘리트에게 넘어가고 지역 차원에서의 전제주의가 발생할 위험도 있다.[35] 때문에 정부는 주민자치 활성화를 위해 조례제정개폐청구권, 주민감사청구, 주민투표, 주민소송, 참여예산제 등 다양한 제도를 도입하였지만, 실질적인 주민참여는 이루어지지 않은 것으로 평가된다.[36]

이러한 맥락에서 마을공동체 만들기 사업은 주민참여를 끌어낼 수 있는 과정이자 목표로 부상하였다. 지역공동체가 가진 "건강한 사회자본과 동네효과"가 지방자치의 활성화로

---

35. 김익식. 2003. "지방자치행정에의 시민참여에 관한 연구: 참여제도와 의식에 관한 경험적 분석을 중심으로." 『지방행정연구』 17(1): 48-49.
36. 김찬동·서윤정. 2012. "마을공동체 복원을 통한 주민자치 실현방안." 서울연구원 정책과제연구보고서. pp. 4-5.

이어질 수 있으리라는 기대 속에 마을공동체 운동이 정부의 사업으로 진입한 것이다.[37] 또한 마을공동체 사업을 통해 새로운 주민주체가 등장할 수 있다는 점도 지방정부에서 마을공동체를 주목하는 이유이다. 방대해지고 관료화·정치화된 관변단체는 전체 주민을 대변하지 못한다. 정부는 기존 파트너십을 떠나 새로운 협력관계를 맺을 주민이 필요했다. 정책의 옹호자가 되거나, 이익집단으로 균형을 잃게 된 조직보다는 새롭게 등장하는 주민과의 파트너십이 지방자치를 안정화하는 데 기여할 수 있기 때문이다.

요약하자면, 현장은 운동을 지속하기 위한 전략으로 운동영역의 활동가가 정부에 들어가면서 자연스럽게 제도화되었다. 그리고 정부는 마을공동체 사업을 통해 여러 공공의제에 주민의 일상적 참여를 유도하고 새로운 인물을 등장시킴으로써 지방자치제도의 활성화를 가져올 것이라는 기대 속에 운동의 제도화를 이루어냈다.

37. 김찬동·서윤정. 같은 논문. p. 13.

결국 다시 새마을운동일까

운동이 제도의 영역으로 발을 담그면서 가장 경계하는 것은 운동의 자율성이 축소되는 지점이다. 때문에 공동체 만들기가 '운동'에서 '사업'이 될 때, 주민 주도의 운동적 지향을 증명해야 할 필요가 있다. 즉 오늘날 전개되는 마을공동체 만들기 사업은 관 주도의 주민동원사업으로 의심받는(한편에서는 관 주도였다고 강하게 믿는) 새마을운동과 무엇이 다른가를 밝혀야 하는 과제가 있다.

서울시는 『서울특별시 마을공동체 만들기 지원 등에 관한 조례(줄여서 '마을조례')』[38]에서 마을공동체 사업의 주체가 '주민'이라고 강조한다. 조례 1조에는 사업의 목적이 "주민이 주도하는 마을공동체 만들기"라고 명시되어 있다. 그리고 4조에서 주민의 사업을 추진할 권리와 적극적으로 참여해야하는 책무를 언급함으로써 "주민참여를 기반으로 주민이 주도한다"는 기본원칙을 곳곳에 심어놓았다. 사업의 과정이 행정에서 시작해서 주민을 동원하는 하향식top-down이 아니라, 계획부터 실행에 이르기까지 전 과정의 주도권을 주민이 가지고 참여하는 상향식bottom-up으로 가겠다는 확고한 의지

---

38. 서울특별시 마을공동체 만들기 지원 등에 관한 조례. (https://www.law.go.kr/LSW/ordinInfoP.do?ordinSeq=1441575)

를 보여준다.

　마을공동체 사업의 중심주체는 주민이라는 지향을 견지하면서도 정부가 마을공동체 사업에 개입하는 이유를 서울시는 '공공지원이 필요한 주민을 위한 보조적 역할'로 설명한다. 공동체 활동을 원하는 주민들의 욕구가 있고 주도적 역할을 할 의향이 있는 주민이 있어도 막상 공동체를 이루기는 어렵다. 어떻게 해야 하는지 방법을 잘 모르기도 하고, 관련 정보도 접하기 어려우며, 모임을 위한 공간도 충분하지 않아 쉽게 시작하지 못하는 경우가 많기 때문이다. 그러므로 행정기관은 주민을 지도하는 상위 조직이 아니라 마을공동체 정책에서 주민과 상호신뢰와 협력을 구축하는 파트너이자, 주민이 사업을 주도할 때 필요한 부분을 지원하는 보조적 역할을 맡는다. 주민 주도의 공동체 만들기를 위해서 행정은 기존의 권한과 역할을 내려놓고 조정해야 한다. 서울시가 사업을 시작하며 새로운 '마을지향 민관협력 거버넌스'의 구축을 과제로 삼은 것도 여타의 정부사업과 같은 방식으로는 주민의 자율성을 보장하기 어렵기 때문이다. 또한 서울시는 『1기 기본계획』을 통해 중간지원조직의 설립과 마을인프라 조성 등을 전략으로 설정하였다.[39]

---

39. 서울특별시. 2012. 앞의 책. pp. 58-63.

'중간지원조직'은 주민 참여형 사업을 추진하기 위해 고안된 정책 수단이라고 볼 수 있다. 주민 주도를 위해서는 행정과 민간이 수직적 관계가 아니라, 수평적 관계 속에서 협력적 거버넌스^{collaborative governance}를 만들어야 한다. 새마을운동 당시 담당 공무원이 지역을 배정받으면 짐을 싸고 들어가 몇 달이고 지역에서 살았다는 기록처럼, 행정 공무원이 주민들이 생활하는 현장으로 들어가서 지원해야 정책 효과를 높일 수 있다. 그러나 직접 이러한 역할을 수행하는 것은 행정 공무원에게 큰 부담이다. 현장에는 지역의 인적·물적 자원을 이해하는 지역 전문가들이 있다. 따라서 지역 전문가들이 민간과 행정 가운데에서 이 둘을 연계하고 지원하는 역할을 하도록 하자는 것이 중간지원조직이 생긴 배경이다. 마을공동체 사업의 정책과 재원을 주민에게 전달하는 매개로 서울시 마을공동체 종합지원센터가 2012년에 설립되었고, 자치구의 마을생태계 조성 강화와 함께 구 단위의 중간지원조직이 만들어졌다. 자치구 중간지원조직은 2014년부터 만들어지기 시작해, 2016년 서울시의 모든 자치구(25개 구)에 설립되었다. 서울시 행정이 마을 현장을 포착하고 지원하기에 한계가 있으므로, 각 자치구 단위에서 민-관 협치를 담당해야 한다는 필요에 따른 결과였다. 주민 주도의 상향식 과정을 제외하고, 정책과 예산의 흐름으로 행정의 지원체계만을 고려하면 아래의 〈그림 3〉과 같이 나타낼 수 있다.

그러나 정부-중간지원조직-주민의 체계가 효과적으로 작동하는가에 대해서는 이견도 있다. 마을공동체 사업이 주민 주도성을 강조하지만 결국 국가 주도 사업의 한계를 가진다는 점에서 새마을운동과 다르지 않다고 보는 것이다. 서울시의 상황도 마찬가지였다. 2011년 서울시는 "마을공동체 복원 종합계획"의 모델로 마포구 성미산공동체를 들었다. 그러나 마을 만들기 사업이 '제2의 성미산 만들기 사업'으로 해석되면서, 제도 밖 현장의 자발적 공동체운동이 제도 안으

〈그림 3〉 서울시 마을공동체 사업의 지원체계

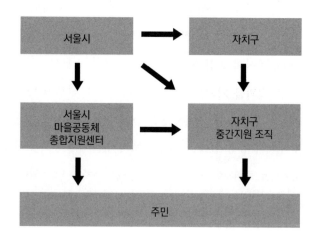

로 수렴되었다는 비판에 당면했다.

한편에서는 제도화의 결과로 공동체운동의 다양성과 자율성이 훼손되며, 보조금 사업으로 인해 정부 의존도만 높아진 문제를 지적한다. 지원이라는 명분을 통해 공공의 권한과 통제력이 강화될 수밖에 없고, 사업은 점차 행정의 필요에 따른 도구로 바뀌었다는 것이다.[40]

현장과 학계에서는 '속도가 너무 빠르다'는 목소리도 있다. 제도화가 급격히 이뤄지면서, 행정은 익숙한 방식에 따라 운동을 포섭하고, 성과를 내야 한다는 압박에 시달리고 있다는 평가다. 이 지적은 홍성흡의 현장연구, 「누구를 위한 개발인가」(2013)에서도 확인된다.[41] 인류학자인 그는 전남 영광군의 한 마을에서 이루어진 '문화·역사마을 가꾸기' 사업 현장을 연구했다. '위로부터의 의사결정 및 지원'과 '아래로부터의 요구 및 노력'이 결합한 사업은 결국 마을 단위의 다양한 '개발' 사업에 불과했고 현장의 이해관계와 경쟁을 심화시키는 결과를 가져왔다. "마을 주민의 자발적 참여로 문화와 역사·환경이 조화를 이루는 자생력을 지닌 마을"을 만

---

40. 김상철. 2014. "퇴행하는 복지의 알리바이, '마을공동체'라는 환상." 대학원신문 314호. 2014. 12. 12. (http://gspress.cauon.net/news/articleView.html?idxno=20985)

41. 홍성흡. 2013. "누구를 위한 개발인가: 전남 영광군 H마을의 '문화·역사마을 가꾸기' 사업의 사례." 『현대사회과학연구』 17(0); 51-64.

들겠다는 사업의 실상은 개발독재 시대의 양상과 다르지 않았다고 그는 지적한다. 또한 참여주체의 활동을 일정한 방향으로 유도한다는 분석도 있다.[42] 새마을운동과 마찬가지로 마을공동체 사업에서 자발적인 행동방식이란, 국가가 추구하는 목표 및 이해관계와 잘 부합되도록 통솔되는 범위 안에서 주민의 자율성과 자치가 보장됨을 의미한다.[43] 결국 '공동체를 통한 통치'government through community를 위한 국가의 사전정지작업에 불과하다는 비판도 나왔다.[44]

그러나 한편에서는 마을공동체 사업이 자유롭고 자율적인 주체를 육성, 계발, 강요하는 신자유주의적 통치성의 성격을 지녔다 하더라도 아직 '열린 결말'이라는 시각도 있다. 미셸 푸코Michel Foucault가 권력과 저항은 다양한 형태로 존재하고 작동한다고 말했듯이, 권력은 매우 역동적이고 복합적이다. 때문에 마을공동체 사업이 관 주도로 일정한 방향성을 지녔더라도 그 정치적 효과의 결말은 열려 있고, 그 속에서 '진짜 마을공동체'도 만들어질 수 있다는 것이다.[45] 나아가 "동원되었

42. 최조순·강병준·강현철. 2015. "한국 공동체 정책의 비판적 논의: 통치성 이론을 중심으로." 『한국자치행정학보』. 29(1): 45-64.

43. 김영미. 2009. 『그들의 새마을운동』. 서울: 푸른역사. p .28.

44. 박주형. 2012. "도구화되는 '공동체': 서울시 '마을공동체 만들기 사업'에 대한 비판적 고찰." 『공간과사회』. 23(1): 5-43.

45. 김예란·김용찬·채영길·백영민·김유정. 2017. "공동체는 발명되어야 한다: 서울시 마을미디어 형성과 활동을 중심으로." 『한국언론정보학보』. 81: 40-74.

다는 사실만으로 그 속에 담겨 있는 저항의 가능성을 배제할 필요가 없다"고 보기도 한다. 새로운 사회운동으로의 공동체 운동이 가진 저항적이며 대안적인 삶의 실천은 소멸된 것이 아니라 정부의 통치지배 기술과 '만난 것'에 불과하므로 관계가 전환된 것으로 해석해야 한다는 관점이다.[46]

마을공동체 만들기는 아직 진행형이다. 따라서 결말은 열려 있을 수 있다. 그러나 운동이 본격적으로 제도화된 지 십여 년이 된 만큼 중간점검도 필요하다. 70년대 독재정권에 의해 추진되었던 새마을운동과 무엇이 다른가. 행정의 개입은 '지도'인가, '지원'인가. 주민은 '동원'되는가, '참여'하는가. 공동체운동이 갖고 있던 새로움, 즉 삶의 의제에 구성원이 직접 참여하고, 분권적·개방적·민주적 조직구조를 유지하는 가운데 여러 주체와 연대하는 역동적 운동성을 마을공동체 만들기 사업에서 발견할 수 있을까. 이제부터 차분히 현장을 돌아보자.

---

46. 김동완·신혜란. 2014. "정부안의 대항품행, 대도시 통치성은 어떻게 변화하는가?: 서울시 마을만들기를 사례로."『대한지리학회 2014년 지리학대회 발표논문 요약집』. 88-89.; 김동완·신혜란. 2016. "대항품행 그리고 성미산 스타일: 발전주의 도시화를 넘어."『경제와사회』. 111: 174-204.

3장

공동체를 만들면
민주주의도 발전할까?

| 마을공동체 사업의 성과지표 |

동네에 작은 가게를 하나 차렸다고 가정해보자. 어느 정도 수익을 올려야 성공이라고 볼 수 있을까? 사업의 성공을 평가하는 기준은 사람마다 다를 것이다. 어떤 사람은 수익률 200%를 달성하는 시점부터, 다른 사람은 투자금이 회수되는 시점부터 성공이라 생각할 수 있다. 혹은 신규 사업체의 반 이상은 망한다는 마의 3년을 넘기거나, 코로나-19와 같은 경제적 위험 속에서 그저 버티기만 해도 성공이라고 말하기도 한다.

정책사업의 성공을 평가하기 위해서도 저마다의 성공 기준을 정리하여 객관적인 지표로 나타내야 한다. 예를 들어, 코로나-19 소상공인 지원정책사업이 성공적이었는지 확인하기 위해서 지원을 받은 업체가 유지 존속하고 있는 기간이나 매출액 등을 지표로 삼을 수 있다.

눈으로 드러나지 않아 무엇을 성공으로 평가해야 할지 어려운 경우도 있다. 마을공동체 지원사업은 무엇이 성공일까? 사업의 목표는 '공동체 만들기'인데, 누가 보더라도 공동체가 잘 만들어졌다고 고개를 끄덕일 수 있는 지표는 무엇일까?

서울시는 마을공동체 지원사업을 펼치며, 5개년 단위로 기본계획을 세웠다.[47] 서울시 마을공동체 정책의 방향과 과제를 설정하는 기본계획에는 정책성과를 평가할 수 있는 지표도 포함되어 있다. 2기 기본계획의 평가 방향은 크게 두 가지로, 하나는 '얼마나 공동체가 회복되었는가'이고, 다른 하나는 '얼마나 주민의 자치역량이 향상되고 민과 관의 협력이 성숙하였는가'이다. 이 중 공동체 회복을 확인할 수 있는 항목은 다음의 세 가지이다.

---

47. 서울특별시. 2017. 『서울시 2기(2018-2022) 마을공동체 기본계획』. 그 밖에 서울시마을공동체지원센터의 성과연구(서울시 마을공동체 종합지원센터. 2020. 『서울시 마을공동체 공모사업 성과측정에 관한 연구: 활동지수를 중심으로』)도 있다. 이 성과연구의 공동체성을 측정하기 위한 질문도 기본계획과 크게 다르지 않다.

■ 사회적 지지: 마을공동체 공모사업을 통해 어려움에 처했을 때, 도움을 요청할 수 있는 이웃이 늘어났습니까?

■ 관계망: 마을공동체 공모사업을 통해 뜻을 나누고 같이 활동할 수 있는 이웃이 늘어났다고 생각하십니까?

■ 소속감: 나는 마을공동체 공모사업을 통해 마을(동네)에 대한 소속감이 높아졌다고 생각하십니까?

■ 관심 변화: 마을공동체 공모사업을 통해 사회적 가치(인권, 안전, 노동, 건강복지, 사회적 취약계층 지원, 상생협력, 지역경제, 일자리, 공동체복원, 환경 지속성 등)에 대한 관심이 높아졌습니까?

- 사회적 지지: 어려울 때 의지할 수 있는 이웃이 있다.

- 이웃 신뢰도: 우리 동네 사람들은 서로 믿고 신뢰할 수 있다.

- 정주성: 현재 살고 있는 마을에 계속 거주할 의향이 있다.

　　마을공동체 사업의 성공지표로 언급되는 사회적 지지, 이웃 신뢰도(또는 관계망), 정주성(또는 소속감)은 우리가 1장에서 살펴보았던, 힐러리가 제안한 공동체의 기본요소 세 가지(사회적 상호작용, 공동의 결속감, 지역)와 다시 맞닿는다. 그러니까, 공동체를 만든다는 것은 내가 어려울 때 위기를 함께 헤쳐나갈 이웃, 신뢰할 수 있는 이웃이 있다는 것, 그래서 이들과 함께 계속 여기서 살고 싶은 마음을 갖는 것이다. 그래서 마을공동체 사업은 지역에서 '이웃 만들기 사업'으로 사업명이 붙기도 한다. 그러나 이렇게 사람과 사람의 연결고리를 더 가깝고 탄탄하게 만드는 것이 공동체사업의 최종 목표는 아니다. 정책적으로는 '끈끈한 이웃'을 바탕으로 얻을 수 있는 2차 효과가 더 중요하다. 바로 "주민자치의 실현과 민주주의의 발전"이다.[48] 때문에 서울시 2기 기본계획에서 마을공동체 사업의 성공지표 중 하나는 '공동체 회복', 다른 하나는 '주민의 자치역량 및 민관협력 성숙도'였다. 마을공동체를 통해 이웃을 만드는 것이 어떻게 민주주의 발전과 연결될 수 있을까?

48.『서울특별시 마을공동체 활성화 지원 조례』1조에서는 마을공동체 사업의 궁극적 목적을 다음과 같이 제시하고 있다. "이 조례는 주민자치의 실현과 민주주의의 발전에 기여하기 위하여 주민이 주도하는 마을공동체 활성화를 지원하는 데 필요한 사항을 규정함을 목적으로 한다."

공동체와 사회적 자본

'이웃 만들기'의 중요성은 마을공동체만이 아니라 사회복지나 교육 영역에서도 종종 언급된다. 이 분야의 연구들은 이웃과 연결망이 잘 형성되어 있을수록 자살충동률이 더 낮다거나, 학교생활 적응도가 높다는 사례를 밝혀내며 이웃 관계의 중요성을 시사해준다.[49] 이때 이웃과의 관계 정도는 어떻게 측정될까. 대체로 이런 질문들로 평가한다.

■ 지역 내에서 주변에 가깝게 지내는 가족과 친척이 있는가. (혹은 가족과 친척 외에 가깝게 지내는 다른 사람은 있는가)

■ 모임이나 단체에 소속되어 활동하고 있는가.

■ 쉽게 터놓고 의논하는 사람이 있는가.

■ 아플 때 돌봐줄 사람이 있는가.

■ 경제적 문제가 생겼을 때 금전적 도움을 받을 수 있는 사람이 있는가.

■ 현재 사는 곳에서는 얼마나 살았는가.

앞에서 본 마을공동체 사업 성과지표에서 공동체성을 평

---

49. 정인관. 2021. "자살생각에 있어 사회적 자본의 효과에 대한 연구." 『현상과 인식』. 45(3): 153-178.

가하는 질문들과도 매우 유사하다. 사회복지나 교육 영역에서 이웃과의 관계를 확인하거나 마을공동체 사업에서 공동체 회복을 평가할 때, 로버트 퍼트넘 Robert D. Putnum 의 '사회적 자본' social capital 개념을 이론적 배경으로 삼기 때문이다.

사회적 자본은 '자본'으로 표현되지만, 돈이나 금 같은 물리적 자본 physical capital 이나 개인 고유의 특성을 표현하는 인적 자본 human capital 과는 다르다. 이 독특한 자본은 '사회가 얼마나 강한 유대와 결속력을 갖는가' 하는 사회의 관계 구조 속에서 만들어진다. 갑작스러운 사고를 당했을 때 사회적 자본으로 곧장 응급처치를 하거나 병원비를 낼 수는 없다. 그러나 사회적 자본이 있다면, 사고처리에 도움을 받거나 병원비를 빌릴 수도 있고 정서적 지지를 얻기도 한다. 단순하게 생각하면, 우리가 흔히 말하는 이웃 간의 '정'을 학술적인 개념으로 설명한 것이라 볼 수도 있다.

그러나 사회적 자본 개념은 단순히 이웃 간의 끈끈한 연대에서 끝나지 않는다. 퍼트넘은 사회적 자본과 민주주의를 연결한다. 그는 1970년대 이후 이탈리아 지방정부를 비교 분석한 결과, 사회적 자본이 '안정되고 효율적인 민주정부를 형성하는 조건'임을 밝혔다. 퍼트넘에게 사회적 자본은 '참여자들이 협력하도록 함으로써 공유한 목적을 더욱 효과적으로 성취하게 만드는 신뢰, 규범, 연결망과 같은 사회조직의 특질'인데, 사회적 자본은 시민들의 참여의식을 형성하는 핵심이 되고, 시민의 참여의식 정도에 따라 경제성장과 정책효과에서 차이가 나타난다고 보았다. 그러니까 이웃 간의 신뢰감이나 사회적 지지가 곧 정치적 참여로 이어지고, 민주주의의 발전을 가져온다는 것이다.[50] 이러한 퍼트넘의 주장이 그대로 반영된 마을공동체 사업은 친밀한 이웃 관계의 형성이 '주민자치의 실현과 민주주의 발전'으로 이어질 것이라고 기대한다.

그러나 퍼트넘이 주장한 사회적 자본 개념이 한국사회에 그대로 적용될 수 있을까. 한국사회의 역사성과 서울이라는 지역적 특수성, 그리고 혈연·지연·학연 같은 연대를 공동체로 인식해왔던 문화적 특성이 함께 고려될 때, 퍼트넘이 언급하는 사회적 자본은 우리에게 어울리는 옷이 아닐 수 있다. 학자들은 퍼트넘 이론이 논리적으로 모순이라는 점을 지적하기도 한다. 포르테스[Portes]는 퍼트넘이 사회적 자본을 측정할 때 정치·경제적 척도를 활용하고, 다시 정치·경제적 성공을 종속변수로 돌려놓은 것은 '사회적 자본=정치·경제 성

---

50. 로버트 퍼트넘. 2000. 안청시 역. 『사회적 자본과 민주주의: 이탈리아 지방자치와 시민적 전통』(*Making Democracy Work: Civic Traditions in Modern Italy*). 서울: 박영사.

공'이라는 동어반복적 등식을 완성할 뿐이라고 비판한다.[51]

공동체가 자본주의와 공생적 관계였음을 주장한 조셉도 퍼트넘 이론에 이의를 제기한다. 퍼트넘이 토크빌을 인용하면서 사회적 자본이 민주주의 발전에 영향을 미친다고 설명하는데, 조셉은 퍼트넘이 토크빌을 오독했다고 지적한다. 바르게 해석하면, 사회적 자본은 민주주의 발전의 원인이 아니라 결과로 봐야 한다. 따라서 조셉은 '사회적 자본→민주주의'가 아니라 '민주주의→사회적 자본'으로 독립변수와 종속변수의 위치를 바꾸어 화살표를 그리는 것이 적절하다고 말한다. 나아가 조셉이 보기에 퍼트넘 이론이 가진 더 큰 문제는 공동체에 강요된 순응성이다. 민주주의 국가의 안녕과 경제적 번영이 모두 사회적 자본, 즉 공동체에 달린 것으로 주장하면서 퍼트넘은 공동체가 지배체제를 향해 도전하거나 권력이나 부의 불평등에 반대 의견을 제시할 가능성에는 전혀 관심을 두지 않는다. 공동체는 "헤게모니 체제에 편입되는 장소"sites of incorporation into hegemonic regimes에 불과하다는 조셉의 입장에서 볼 때 퍼트넘의 이론은 '공동체'라는 낭만적 환상 아래 많은 것을 숨겼을 뿐이다.[52]

---

51. Portes, Alejandro (2000) The Two Meanings of Social Capital. *Sociological Forum*. Vol. 15. No. 1. pp. 1-12.

52. Joseph, Miranda. 앞의 책. pp. 11-13(introduction).

이러한 비판들을 고려하면, 퍼트넘의 이론적 틀을 그대로 수용한 서울시 마을공동체 사업의 정책은 구상에서부터 문제가 있었는지도 모른다. 이 장에서는 정책의 이론 정합성에 대한 이의제기를 기억하며, 정책의 현실 정합성을 살펴보려 한다. 먼저 사회적 자본의 의미를 살펴보고, '사회적 자본→사회 참여의식→민주주의 발전'으로 전개되는 정책의 이상적 도식이 현실에서 어떻게 적용되는지 확인해보자.

사회적 자본의 위험

마을공동체를 설명하며 퍼트넘의 사회적 자본 개념이 많이 언급되지만, 그것이 퍼트넘만의 독자적인 개념은 아니다. 학자에 따라 사회적 자본에 대한 정의와 해석은 다양하다.

피에르 부르디외^{Pierre Bourdieu}의 사회적 자본은 '아비투스' ^{Habitus} 개념과 연결된다. 그에 따르면, 사회는 여러 종류의 자본이 얽혀 있는 공간으로 이 안에는 네 유형의 자본(경제자본, 문화자본, 사회자본, 상징자본)이 있다. 먼저 월급이나 부동산 자산 같은 경제자본^{economic capital}과 나의 교양, 지식, 학위, 노하우 등과 같은 문화 산물을 포함하는 문화자본^{cultural capital}이 있디. 시회(관계)자본social capital은 네트워크를 통해 형성되는 상호신뢰의 관계적 자본인데, 다소 거칠지만 우리가 흔히 말하는 '인맥'을 통해 만들어지는 정서적 유대나 신뢰, 협력과 비슷하다고 생각하면 이해가 쉽다. 지속적인 대인관계 속에서 만들어지는 무형의 자원이기도 하다. 상징자본symbolic capital도 마찬가지로 눈에 보이지 않는데, 타인에게 어떤 존재로 승인됨으로써 획득할 수 있는 자본이다. 누군가가 사람들로부터 명예로운 영웅이나 탁월한 리더, 혹은 재목材木으로 평가받고 인정받았다면 높은 상징자본을 획득한 예로 볼 수 있다. 반대로 사회적 낙인이 찍히면 그의 명예와 위신은 추락하고 낮은 상징자본을 갖게 된다. 개인은 네 가지 자원을 적절히 조합하며 사회공간에서 경쟁하는데, 어떤 자본을 가지고 있는지 여부가 다른 자본의 획득에도 영향을 미친다.

자본은 상속되기도 하지만, 그렇다고 고정된 것은 아니다. 부르디외는 계층에 따라 다른 생활양식 및 소비양식을 갖는다고 보는데, 이를테면 음식, 인테리어, 의복 등의 취향에서 차이가 난다. 아비투스는 이 계층적 취향과 가치가 만들어지고, 학습되고, 다시 새롭게 만들어져 개개인에게 새겨지는 일종의 '사회적 습속/습관'[53]이다. 결혼상대자를 찾을 때 내

---

53. 아비투스는 오랜 시간 축적되고 집단이 계승한다는 점에서 습속(習俗)으로 번역되기도 한다. 부르디외는 변화 가능성을 어느 정도 열어두기 때문에 꼭 맞는 번

가 좋아하는 영화를 같이 즐길 수 있는 사람을 찾거나 대화가 통하는 사람을 만나려는 것은 단순히 개인의 선호로 보이지만, 부르디외에 따르면 아비투스가 작동한 결과라고 볼 수 있다. 우리는 부르디외의 사회적 자본 개념에 대해 다음 두 가지에 주목해야 한다. 첫째는 개인적인 취향이 사회적으로 만들어진 생활양식이라는 것이고 둘째는 만들어진 생활양식으로서 아비투스가 계층의 속성을 드러냄으로써 계층에 속한 사람과 그렇지 않은 사람의 차이를 드러내는 '구별짓기'Distinction가 된다는 것이다.[54] 이를테면 한국사회의 명품 열풍은 상류층의 취향을 흉내냄으로써 구별 지은 경계를 넘어가려는 시도인데, 우리 사회의 아비투스가 얼마나 강력하게 작동하는지를 역설적으로 보여준다.

따라서 부르디외가 설명하는 사회적 자본은 단순히 '사람과의 연결' 수준에 머무르지 않는다. 이는 오랜 시간 관계망 속에서 개인과 집단에 내면화된 관행과 의식에 의해서 통제되고 형성되는 신뢰의 관계다. 그가 강조하는 사회적 자본은 "축적된 역사"이자 "아비투스의 자산"이다.[55] 계층의 생활양

역어라고 볼 수는 없으나, 이해를 돕기 위해 습관, 습속으로 설명한다.

54. 피에르 부르디외. 2005. 최종철 역. 『구별짓기: 문화와 취향의 사회학―상/하』(*La Distinction*). 서울: 새물결.

55. 김상준. 2004. "부르디외, 콜만, 퍼트넘의 사회적 자본 개념 비판." 『한국사회학』. 38(6): 67.

식은 우리 몸에 새겨지듯 배어나기 때문에, 어느 계층에 있는가에 따라 획득할 수 있는 사회적 자본에도 차이가 생긴다. 계층에 따라 보상은 불공평하다. 위계의 위로 올라갈수록 더 많은 혜택을 얻는 반면, 밑으로 내려갈수록 줄어드는 것이 계층의 주요한 속성이다.[56]

위장전입은 우리 사회가 사회적 자본을 얼마나 중요하게 여기는지, 그리고 사회적 자본이 얼마나 불평등하게 획득될 수 있는지를 확인시켜주는 사례이다. 고교평준화가 시행된 이후에도 자녀를 명문학교에 들여보내기 위해 주소지를 바꾸는 위장전입은 심심치 않게 있었다. 국회의원 범죄기록이나 장관 후보자 청문회에서도 종종 등장하는 이슈다. 주소지를 바꿔가며 좋은 학교에 자녀를 보내려는 이유로 학교 분위기나 교사의 실력을 들기도 하지만, '동창의 질적 수준이 다르기 때문'이라고 말하는 사람들을 많이 보았다. 이들은 우리 사회에서 좋은 고등학교는 명문대학 진학률이 높은 학교이고, 좋은 고등학교와 명문대학을 거친 아이들이 사회에서도 영향력 있는 자리를 차지하기 때문에, 어렸을 때부터 좋은 학교에서 좋은 인맥을 쌓는 것이 중요하다고 말한다. 우리 사회에서 학교가 사회관계자본을 형성하는 데 중요한 매

56. 앤서니 기든스·필립 서튼. 2013. 김용학·박길성·송호근·신광영·유홍준·김미숙·정성호 공역. 『현대사회학』(Sociology). 을유문화사. p. 511.

개 장소임을 확인한 부모들은 거주지의 경계, 나아가 경제적 경계 넘기를 주저하지 않는다. 특정 계층 집단의 구성원이 됨으로써 실제적이고 잠재적인 사회적 자본을 얻고, 이 계층 집단 간 획득하는 사회적 자본의 차이는 역사적 맥락 속에서 고착되어 불평등한 사회적 자본의 생산과 재생산을 반복한다. 사회적 자본의 획득이 공동체 형성이나 민주주의의 참여 등 여타의 기회들과도 연결된다고 할 때, 속한 계층 집단에 따라 출발점이 달라질 수 있다는 점을 생각해야 한다.

콜만[James Colman][57]의 사회적 자본 개념에서도 이러한 차이의 위험이 밀견된다. 그는 개인과 개인이 맺는 관계, 즉 사회적 관계에 사회적 자본이 내재된 것으로 보며, 퍼트넘과 마찬가지로 그것을 물리적 자본이나 인적 자본과는 다른 것으로 구별하였다. 그러나 콜만은 퍼트넘보다 '개인' 차원에 집중하여 설명한다. 그는 효용성의 최대화 측면에서 사회적 자본을 해석하는데, 이를테면, 신뢰가 높은 관계일수록(사회적 자본이 높을수록) 거래에서 비용을 감소시킬 수 있고, 정보와 소통을 원활하게 해주며, 감시와 통제를 수월하게 한다.

부르디외의 설명은 사회적 자본으로 발생하는 구별짓기의 위험을 예상하게 한다. 또한 콜만이 말한 것처럼 사회적

---

57. Coleman, J. (1988) Social in the Creation of Human Capital. *American Journal of Sociology*. Vol. 94. pp. 95-120.

자본을 통해서 개인이 얻는 실질적 이득에 차이가 생긴다면, 사회적 자본은 계급적일 뿐만 아니라 경제적 자본의 형성에도 영향을 미친다.

콜만 이론을 사회학적 관점에서 연구한 그라노베터[Mark Granovetter]의 『일자리 구하기』[Getting a Job]에서는 사회적 자본에 대한 새로운 시사점을 얻을 수 있다.[58] 우리는 보통 끈끈한 관계가 느슨한 관계보다 더 많은 유익을 줄 것이라 기대하지만 취업 정보와 같이 비일상적인 정보일수록, 느슨하지만 폭넓은 인맥을 유지하는 사람들이 정보를 더 빠르게 얻는다. 강하고 빈번한 지속적 관계[strong ties]보다 약한 연대[weak ties]가 구직에 효과적이라는 말이다. 이러한 약한 유대의 강한 연결 효과[strength of weak ties]는 공동체 전반의 응집성이나 파편화와 관련하여 중요하게 논의될 수 있다. 즉 '강한 연대'의 강조가 오히려 외부와 단절된 파당으로 구성되고, 파당 간 분파주의적 갈등을 일으킬 수 있다.[59] '약한 연대'를 통한 다리 놓기가 필요한 이유이다.

마을공동체 사업의 결과도 이런 위험에 열려 있다. 끈끈한 공동체로의 회복을 강조하는 정책이 오히려 공동체의 갈등

58. Granovetter, Mark. (1995) *Getting a Job: A Study of Contacts and Careers*. Chicago: University of Chicago Press.
59. 이재열. 2006. "지역사회 공동체와 사회적 자본." 『지역사회학』. 8(1): 50-51.

과 분열을 가져올 수도 있다. 사업을 통해 사회적 자본이 강화된다 하더라도 '끼리끼리의 만남'에 그친다면, 다음 단계인 '민주주의 발전'으로 나아갈 수 있을까.

마을공동체에는 '누가' 있을까

서울시 마을공동체 사업은 '끼리끼리의 만남'이 되지 않기 위해서 구상 단계부터 새로운 대상의 육성을 강조했다. 서울시 마을공동체 사업의 구체적인 방향과 비전은 5년 단위의 기본계획을 통해 제시되는데, 『1기 기본계획(2013-2017)』의 '마을 사람 키우기', 『2기 기본계획(2018-2022)』의 '참여자: 등장에서 확산으로' 등 각 기본계획의 전략은 새로운 주체를 키워내는 데 초점을 맞춘다. 새로운 주체란 기존 조직이나 단체에 소속된 사람들이 아니라 개별 주민이다. 관료적이거나 이익을 추구하는 조직은 발전된 민주주의로 나아가는 데 오히려 걸림돌이 될 뿐이다. 지방자치의 성공을 위해서는 더 많은 주민의 참여가 필요한데, 그 진입이 마을공동체 사업이다. 두셋이 모여 시작한 작은 마을사업에서 우리 마을의 문제를 함께 해결하고자 시도하면 자연스럽게 주민사치가 활성화되리라는 정책구상이다.

그렇다면, 마을공동체 사업을 통해 누가 새로운 주체로 등장했을까? 인터뷰 참여자들은 '경력단절된 40대 여성'을 마을공동체 사업에서 가장 많이 만날 수 있다고 말한다. 이들은 공동육아나 부모 커뮤니티 사업, 마을 공부방, 마을 주방 등 아이를 키우고 살림을 하면서 자연스럽게 마을공동체와 만나게 된다. 실제로 1기 기본계획을 마무리하며 조사한 결과, 마을공동체 사업제안서 작성과 실행에 직접 참여한 사람 중 여성이 73%였고, 그중 30~40대가 67%였다.[60] 이것은 이미 정책설계 단계부터 예상했던 부분이다. 마을공동체 사업을 통해 새롭게 등장할 핵심 주체로 '전업주부'를 설정하고 있었다. 보육, 교육, 소비경제 등의 영역과 밀접하게 연결된 전업주부는 "마을에서 많은 시간을 보내면서 마을에서 벌어지는 일에 가장 많은 관심을 가지며 참여할 수 있는 주체"이기 때문이다. 또한 경력이 단절된 전업주부가 자녀 양육을 하며 겪는 어려움이 오히려 공동체사업으로 진입할 수 있는 동기가 될 수 있다고 보고, 사업정책은 이들의 참여를 지원하도록 설계되었다.[61]

60. 안현찬·구아영. 2017. 『서울시 마을공동체 지원사업 성과평가와 정책과제』. 서울연구원.

61. 서울특별시. 2012. 앞의 책. p.48

그러나, 전업주부가 마을공동체 사업의 핵심 주체가 된 것을 정책의 전략적 선택에 따른 정책설계의 성공으로 해석할 수 있을까? 오히려 가장 현실 가능한 선택, 아니면 필연적 결과가 아니었을까?

여성의 경제참여 비율이 높아져서 남성 중심의 가정경제 구조가 달라지고 있다는 주장도 있지만, 우리 사회에서 가족 생계 부양의 주 책임은 여전히 남성에게 있다. 가계금융복지조사에 따르면, 가구주 4명 중 3명은 남성이다(남성 76.1%). 여성 가구주의 소득 및 자산은 남성 가구주의 절반 수준에도 미치지 못한다. 남성 가구주의 소득이 6,997만인일 때, 여성 가구주는 3,348만원에 불과하다.[62] 2021년 기준, OECD 성별 임금 격차Gender Wage Gap는 32.5%로 회원국 중 가장 크다. OECD 평균인 12.5%보다 3배 가까이 높지만, 그마저도 1996년 44.2%에서 점차 낮아진 수치다.[63] 여성이 남성에 비해 현저히 낮은 보수를 받다보니, 가정 내에서 남성은 경제의 주 책임자가 되고, 여성은 경제소득을 보조하며 가족 및 사회를 돌보는 역할을 맡게 된다. 상황이 이러하니 남성이 마을

---

62. 통계청 「가계금융 복지조사」. "가구주 성별 자산, 부채, 소득 현황". 2021. (소득은 전년도 경상소득 기준) (https://kosis.kr/statHtml/statHtml.do?orgId=101&tblId=DT_1HDAA05&conn_path=I3)

63. OECD 〉 data 〉 Gender wage gap (https://data.oecd.org/earnwage/gender-wage-gap.htm)

공동체를 일기도 어렵지만, 참여하기는 더 어렵다. 마을에서 가게를 하는 자영업자가 아니고서는 남성이 평일 낮에 주로 진행되는 마을공동체 활동에 참석하기란 쉽지 않기 때문이다.

문화적 장벽도 있다. 마을에서 고추장 담그기를 한다고 듣고 한 남성이 용기 내서 갔는데 참여자 중에 남성이 본인 한 명이라면 어떻겠는가. 남성 참여자가 버텨내기 쉽지 않은 분위기인데, 모임을 주최하는 입장에서도 다양한 참여자를 포용하는 훈련이 되지 않아서 남성 참석자를 배려하지 못했다는 자성의 말을 들은 적도 있다. 퇴근하고 동네 아저씨들끼리 모이는 재미에 마을공동체에 발을 담았던 경험이나, 고달픈 직장생활에 술과 담배를 달고 살다가 마을활동을 시작하며 마음이 건강해졌다는 간증 같은 이야기를 들으면 마을에 경계는 없는 것 같다. 그러나 마을 현장에서 가족 구성원 중 남편만 참여하는 경우는 매우 드물다. 대부분 남성은 마을공동체 밖에서 경제활동을 하고, 여성이 마을공동체 안으로 들어온다. 전통적인 공동체에서 가족 구성원 모두가 공동체의 일원으로 포함되던 것과는 사뭇 다르다.

한편으로 '돌봄노동이 여성만의 역할'이라는 인식을 마을공동체가 더 북돋는 것은 아닌지 비판적으로 생각해볼 필요

〈그림 4〉 공동체 모델 변화

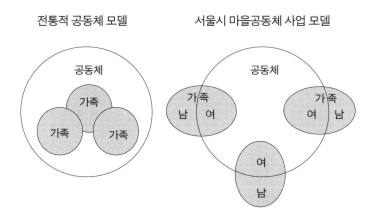

전통적 공동체 모델　　　　서울시 마을공동체 사업 모델

도 있다. 마을공동체 사업의 돌봄공동체, 부모 커뮤니티 사업 등은 가정에서 여성에게만 요구되었던 돌봄노동을 마을에서 반복하고 있는 것은 아닐까.

　마을공동체가 '가정'의 울타리에서만 해석되는 문제도 있다. 마을공동체의 '다수의 여성-소수의 남성' 못지않게 '다수의 기혼자-소수의 비혼자' 구도도 생각해봐야 한다. 전체 인구구성에서 비혼자가 상대적으로 적기 때문에 당연한 결과라고 접어두기에는 본질적인 한계가 있다. 마을은 여성을 흔히 주부, 어머니로 받아들인다. 정상가족 중심으로 형성되는 공동체 문화에서 비혼자가 어우러지기 어려우니, 비혼공

동체가 따로 만들어지기도 한다.[64]

서울시가 마을공동체 사업을 디자인할 때, 새로운 주체로 기대한 대상은 전업주부만이 아니라 청년층도 있었다. 마을 내 일자리를 창출함으로써 마을공동체의 새로운 주체로 성장시키겠다는 전략이었다. 그러나 마을공동체에서 제대로 활동하는 청년을 찾기 힘들다는 말들도 많다. 인터뷰 참여자들은 청년은 없는데, 행정이 사업성과를 위해 "그림이 일단 좋으니까", 청년이 사업 제안을 하면 "어떻든 간에 일단 뽑고 볼 수밖에" 없다고 한다.

마을공동체 사업 참여자에 대한 또다른 비판은 '여유 있는 중산층'이 참여한다는 것이다. 실제로 마을공동체 사업의 선정 건수를 행정동의 주택가격(공시지가)을 토대로 분석한 연구에 따르면, 중산층 지역에서 마을공동체 사업 참여가 더 활발했다.[65] 당장 경제활동을 적극적으로 해야 하는 저소득 계층은 마을공동체 사업을 한다고 해도 시간을 내기 어렵고 모임의 개인 활동비에 부담을 느끼기도 한다. 그

64. 마을공동체 사업이 여성의 역할을 구획하고, 돌봄노동을 재생산하고 있다는 비판 및 정상가족 이데올로기의 한계 등은 다음 논문을 참고. 전희경. 2014. "마을공동체의 '공동체'성을 질문하다." 『페미니즘연구』. 14(1): 75-112.; 조연숙. 2015. "마을공동체의 젠더이슈를 통해 본 사업의 추진실태와 개선방안: 서울시 마을공동체사업 참여자 설문조사를 중심으로." 『한국정책연구』. 15(3): 83-100.
65. 안현찬·구아영. 앞의 책. pp. 44-45.

러다보니, 현장에는 전일제 근무를 하는 사람들보다 시간제 일자리를 겸하면서 공동체사업에 참여하는 이들이 많다고 한다.

서울시는 마을공동체 사업이 필요한 이유가 삶의 문제를 해결하는 연대적 방법이기 때문이라고 설명한다. 도시에서 행복하게 살기 위한 가장 손쉬운 방법은 돈을 많이 벌어서 필요와 욕구를 채워나가는 것이다. 그러나 이러한 자본주의 시장경제의 방법으로 모든 문제를 해결할 수도 없고, 결정적으로 '돈'이 없으면 어려움을 탈출할 희망도 없다. 때문에 사회의 관계망과 연대를 통해 문제를 해결하는 방식은 우리의 새로운 선택지가 될 수 있다. 이런 관점에서 서울시 마을공동체 사업의 시작은 관계를 만드는 것이다. 그런데 마을공동체 사업의 참여자가 중산층에 집중된다면, '돈'의 방법으로 문제를 해결할 수 없는 취약계층이 '관계'의 선택지마저도 얻지 못하는 것이 아닌가. 삶의 문제를 해결하는 데 사회관계에서의 지지와 연대가 가장 필요한 이들은 자본주의 경제에서 소외된 주변 계층 아닌가.

마을공동체 사업의 참여자가 중산층에 국한되지 않는다는 반론도 있다. 임대아파트를 중심으로 활발하게 진행되는 마을공동체 사업이 그 예이다. 그러나 인터뷰 참여자들은 임대아파트 주민이 마을공동체 사업을 통해 필요를 충족시키는 이유가 결국 경제적 조건 때문이라고 설명한다. 임대아파트는 통상 2년 단위로 재계약하며 월 소득이 일정 수준(가구원수 및 지역 등에 따라 다르나, 대략 월 평균소득의 50~150 퍼센트 범위) 이상을 초과하면 나가야 한다. 소득이 높아지면 재계약할 때 문제가 생길 수 있으니, 수입을 늘리는 일에 집중하기보다는 마을공동체 사업을 활용하는 방법을 택한다는 것이다. 자녀 교육을 위해 공동체사업으로 학부모들이 함께 마을 공부방을 운영하는 것이 사설학원에 보내기 위해 수입이 잡히는 일을 하는 것보다 여러모로 유리하기 때문에 마을공동체가 "잘 발달되고, 잘 활용"된다고 한다. 시장경제 안에서 취약성을 지속적으로 확인받아야 하는 임대아파트의 특성상 주류 시장경제의 방식이 아닌 마을공동체라는 대안경제 방식으로 욕구를 해결한다는 해석이다.

사업의 문턱 낮추기

더 많은 주민이 마을공동체 사업에 참여하도록 서울시가 세운 구체적 전략은 '주민의 여건과 필요에 맞게' 사업의 문턱을 낮추는 것이었다. 그 결과 주민 3인 이상이면 '누구나' 공모사업에 참여할 수 있게 되었다. 비영리민간단체나 법인체와 같이 등록된 조직체를 중심으로 민간 공모가 이루어졌던 것과는 다르다. 이는 개별 주민도 직접 참여할 수 있도록 기존의 진입장벽을 허물고 주민 등장을 끌어낸 획기적 정책으로 평가된다.[66] 기존 보조금 신청 단체가 해야 했던 서류나 회계도 간소화했다. 액수도 행정과 주민이 서로 부담을 피할 수 있는 보조금액인 100만 원 내외에서 시작할 수 있게 했다.[67]

이처럼 신청자격과 행정회계를 유연하게 적용하며 공모사업의 문턱을 낮춘 결과, 서울시 마을공동체 사업에 약 13만 명, 서울 인구 990만 명의 약 1.3%가 참여한 것으로 보고된다.[68] 그러나 인터뷰 참여자들은 '가짜 참여자가 너무 많다'고 말한다. 주민 3명을 대표 제안자로 적어서 사업신청서를 내지만, 실제로 "숨어 있는 제안자가 컨트롤"하기도 한다는 것이다. 문화센터 사업처럼 '그동안 못 배웠던 것을 배우

---

66. 서울특별시. 2017. 『2016 서울특별시 마을공동체 백서: 서울 삶 사람』. p. 205.
67. 안현찬·위성남·유창복. 2016. 『마을공동체』. 서울연구원. pp. 52-57.
68. 추산 근거는 서울시 마을공동체 사업 결과보고서의 회원 수이다. 그러나 사업 참여의 기준을 어디에 두느냐에 따라 참여자 집계는 11배 넘는 차이를 보인다. 사업을 기획하고 직접 실행한 주민을 기준으로 하면 3만 명 정도이고, 마을공동체 행사 참석자까지를 포함한 간접 참여자를 기준으로 두면 약 33만 명을 참여자로 해석할 수 있다(안현찬·구아영. 2017. 앞의 책. pp. 34-37.)

고 싶다'는 주민의 필요와 '문화센터나 학교 방과후 수업에 강사로 참여하기 힘든데, 공동체사업에서는 강사비를 받을 수 있다'는 강사의 욕구가 만나기도 한다. 이런 경우 강사가 주축이 되어서 비누만들기, 염색, 바리스타 등의 문화강의를 마을공동체 사업으로 기획하지만, 공모사업의 대표참여자로는 강의를 수강할 주민 3명이 기록된다. 공모사업의 사업비는 강사료로 나가고, 참여하는 주민은 비용 없이 문화강좌를 수강하게 되니, 모두에게 이득이 되는 사업이다. 아예 마을공동체 사업을 잘 아는 전문가가 강사비를 목적으로 가짜 참여자가 되는 사례도 있다. 마을공동체 사업의 필요와 사례에 대해 강의를 다니는 '알 만한 사람'이 가족을 대표제안자로 올리는 방법으로 보조금을 챙기거나, 전문가 몇몇이 모여서 사업금을 "돌려서 서로 나눠먹기" 하는 경우도 있다.

마을공동체 사업이 일부에서 "눈 먼 보조금 사업"으로 변질된 사실은 공공연한 비밀이다. 공동체사업에 참여할 때부터 활동을 염두에 두지 않고 보조금에 한눈을 파는 경우가 현장에서 생기다보니, 자치구에서는 여러 차례 참여할 때 자기 부담률을 매년 10%, 20%, 30%씩 순차적으로 높이는 정책을 펴기도 한다. 주민모임의 지속 가능성을 위해서는 보조금에만 의존할 수 없고 활동비의 일정 부분을 부담하도록 해야 한다는 설명이지만, 실제로는 보조금에 목적을 둔 참여자를 걸러내기 위함이다. 그러나 자부담을 높여버리니까 신규로 들어오기 위해서 진짜 참여자는 따로 있고, 가짜 참여자로 사업신청을 하는 사례도 비일비재하다.

마을공동체 사업만의 문제는 아니다. 도시재생, 혁신교육, 복지, 사회적경제, 평생교육 등의 영역에서도 마을공동체 사업과 비슷한 "나열식 사업들"이 펼쳐져서 여러 사업에 중복 참여자가 존재한다. 인터뷰에 참여한 구청 공무원은 "(한 사람이) 우리(마을공동체) 꺼 (사업계획서) 내고, 부모 커뮤니티 여성과 꺼 내고, 혁신교육지구사업 꺼 내고"할 때, 예산 지원부서가 달라 면밀하게 파악이 어렵고 대표 제안자 이름을 바꿔서 내면 중복 여부를 확인한다고 해도 걸러낼 수가 없다고 말한다.

이렇게 대표제안자 3명이 다 이름만 올려두거나 비슷한 사업에 중복 참여하는 경우가 많아 보고서 내용으로 참여자 분석을 해봤자 의미가 없다.

마을공동체 지원사업은 '성공'인가?

다시 앞의 문제제기로 돌아가 생각해보자. 마을공동체 사업을 통해 사회적 자본을 구축하고, 사회적 자본을 통해 시민참여를 확대함으로써 민주주의 발전으로 나아간다는 구상의 첫 단추마저 현장에서는 제대로 꿰어지기 어렵다. 마을공동체 사업의 주요 참여자가 자녀를 둔 기혼여성 중심인 것에서 보이듯, 경제적 수준이나 조건이 참여에 영향을 미친다는 것은 마을공동체 사업을 통해 만들어지는 사회적 자본이 '그들만의 리그'에서만 형성된다는 한계를 보여준다. 더 많은 사람의 사회참여를 통한 지방자치의 활성화는 요원해지는 것이다.

현장에서는 아직 마을공동체 사업이 무르익지 않았기 때문에 좀더 지켜봐야 한다고 말하는 이들도 있다. 우리가 익숙했던 주류 경제의 방식이나 경쟁 이데올로기로부터 탈피해서 대안적이며 공동체적 방식으로 전환하는 일은 하루아침에 이루어질 수는 없다는 의견이다. 마을살이와 밀접한 부분부터 하나씩 변화가 일어나면, 자연스럽게 마을 전체가 변할 수 있으니 여유롭게 기다려야 한다고 그들은 말한다.

물론 변화가 순식간에 일어날 수 없다. 가짜 참여자 문제도 일부이니 일단 공동체를 안착시키는 것이 중요하다는 의견도 그럴듯하게 들린다. 그러나 공동체를 안착시키는 것인가, 공동체 만들기 지원제도를 안착시키는 것인가. 이들은 공동체 만들기 지원제도가 안정화될 때 공동체도 활성화될 것으로 여긴다. 그러나 제도의 꾸준한 시행이 제도가 설정하는 목표의 성공을 보장하지는 않는다. 제도의 연차가 쌓이면서 사업제도에서 발생한 문제들이 자연스럽게 해결되리라 보는 견해는 지나친 낙관주의다. 마을공동체 지원사업이 달성하고자 하는 최종 목적지가 '민주주의'이니, 목적지를 향해 가는 과정 또한 중요하지 않겠는가.

마을공동체 참여자 문제에 대해, 현장 전문가 중에는 두 가지 방식two-track으로 접근해야 한다고 주장하는 이들도 있다. 이들은 마을공동체 사업이 실제로 중산층에 한정된다는 것을 인정한다. 대신 마을공동체 사업에서 열외가 되는 사회경제적 취약계층에게 필요한 것은 마을공동체 사업이 아니라, 복지사업을 통한 지원이라고 말한다. 폐지 주워 하루하루 살아가는 어르신에게까지 마을공동체 사업을 하라는 것이 오히려 가혹하다는 것이다.

복지가 우선 지원되어야 할 대상도 있다. 경제적 자원이 부족하거나 건강과 안전의 위험에 있는 이들을 먼저 고려해야 하는 것은 당연하다. 복지에는 우선순위가 있다. 그러나 공동체사업에서까지 우선 고려해야 하는 대상이 필요할까? 공동체사업을 특정 대상으로 한정할 경우, 공동체사업의 다음 단계인 민주주의 참여로도 나아갈 수 없는 소외계층이 생긴다. 행정 서비스의 제한과 민주주의 참여로의 제한을 같은 수준으로 볼 수는 없다.

서울시는 2018년 마을계획 2기에 접어들면서, 마을공동체 사업을 '마을자치'로 발전시키는 구상을 본격화했다. 바로 마을공동체를 기존의 주민자치 제도와 연계하는 방안이다. 이때부터는 생활문제를 함께 논의하고 해결책을 찾아나가는 연습을 했던 동 단위 마을계획에서 한발 더 나아가 실질적인 주민자치와 민관협력을 실현할 모델로 '서울형 주민자치회'를 시작했다. 2017년 시범사업을 시작으로 2022년에는 서울시 25개 자치구 전(全) 동이 참여한다. 서울형 모델이 기존의 주민자치회의 제도와 다른 점으로 강조하는 특성은 '참여민주주의'의 실현이다. 기존 동 단위에서 이루어졌던 여러 제도들(주민자치위원회를 비롯하여 '찾아가는동사무소'<줄여서 '찾동'> 마을계획단, 참여예산 동지역회의)을 통합하여, 의지가 있다면 일반 주민 누구나 참여할 수 있는 추첨제를 도입했다. 또한 그에 걸맞은 지원체계와 실질적인 자치 권한과 기능을 부여하고자 했다. 그러나 이 경우에도 현장의 변화가 하루아침에 일어날 수는 없다. 정책구상처럼 마을공동체 사업의 참여자가 자연스럽게 서울형 주민자치회로 유입된다 가정하더라도 특정 성별, 연령의 한계는 그대로 대물림된다. 우리는 이 문제에 대해서 다음 장에서 더 살펴볼 것이다.

사업에 대한 참여는 시간을 가지고 확장되도록 기다리는 여유가 필요할지 모르지만, 동 단위의 의제를 결정하고 실행하는 주민자치를 특정 계층이 주도하도록 놔두는 것이 옳은 일일까. 민주주의 장이 한정된 참여자로 구성된다면, 참여 민주주의의 기초는 무너진다. 배제된 사람의 문제는 단지 사회적 자본을 획득하지 못하는 것에 그치지 않는다. 마을공동체 사업이 주민자치로 연계되는 지금 시점에서, 폐지 줍는 어르신을 복지 대상자로 두고 어느 정도 경제력을 가진 이들이 참여하는 마을공동체 사업을 구상한다는 것은 또다른 엘리트 민주주의의 시작일 뿐이다. 마을공동체는 사회에서 가장 허드렛일을 하는 이에게도, 가장 못 배운 이에게도 당연히 열려 있어야 할 기회다. 때문에 복지 대상자와 사업 대상자를 구분하는 프레임으로 마을공동체 참여자의 한정성을 정당화할 수 없다.

서울시 마을공동체 사업이 더 많은, 더 다양한 개별 주민의 참여를 위해 고안한 징책 대응은 행징양식을 간소화힘으로써 공모사업에 편하게 진입할 수 있도록 한 것이다. 이를 위해 보조금 사업에 따른 회계처리와 전산화된 행정과정이 사업 참여의 장벽이 되지 않도록 절차를 최소화했다. 마을공동체 사업 외의 다른 주민 참여 사업들에서 행정 간소화는 지속적으로 논의되어왔다. 그러나 행정의 간소화 전략은 현장의 새로운 주민을 등장시키는 요인으로 작용했다기보다는 기존 참여자들이 사업비리를 활성화시키는 데 더 많이 악용되었다. 그렇다면 결과적으로 마을공동체에 참여하는 것이 사회적 자본을 구축하는 데 도움이 되었다고 말할 수 있을까? 마을공동체 사업 결과보고서의 회계 첨부서류를 허위로 만들기 위해 같은 날 사진을 10번 찍어 10회 모인 것처럼 서류를 꾸미는 사례도 인터뷰에서 확인되었다. 이들은 공동체인가? 이 공동체에서 신뢰가 형성될 수 있을까? 내가 어려움을 겪을 때, 위로받을 수 있을까? 그들과 함께하면서 이 마을을 따뜻하고 안락한 곳이라 느낄 수 있을까? 오히려 매일 다니는 스포츠센터 강사와 수강생 사이의 관계가 더 탄탄하지 않을까?

인터뷰 참여자들은 보조금을 빼돌리는 다양한 방식의 사례들을 언급했다. 그러나 마을공동체 사업 참여자 모두가 공모사업의 보조금에 현혹된 '보조금 헌터'는 아니다. 다수는 마을공동체 사업을 통해 만나고 관계 맺고 성장한다. 인터뷰 참여자 중에는 보조금 사업에 문제가 있는 것은 맞지만, 어디에나 일부 미꾸라지들이 있기도 하고 마을공동체 사업의 성장을 위해 이 정도는 그냥 넘어가야 한다고 주장하는 목소리도 있었다. 그러나 내가 정말 궁금한 것은, 마을공동체 보조금 사업이 사람과 사람 사이 관계를 맺는 데 정말 도움이 되는가이다. 한정된 경제적 자본을 투입해야 한다면, 나는 '배제의 구조'를 바로잡는 것이 우선이라고 본다.

배제의 구조 바로잡기

서울시 마을공동체 사업에 더 많은, 더 다양한 사람이 참여하려면 어떻게 해야 할까?

3인 이상이면 누구나 사업에 참여할 수 있지만, 사업에 참여할 수 있는 여건은 모두에게 허락되지 않는다. 가령 직장생활을 하는 청년이 참여하기란 쉽지 않다. 직장인의 참여를 독려하기 위해 일부 지역에서는 직장 주소지에서 마을사업에 참여가 가능하도록 열어두기도 했지만 활성화되지는 못했다. 직장이 있는 지역의 마을사업에 침여한다고 하디라도 할 수 있는 것은 '사업'에 불과하고, 마을공동체 사업이 지향하는 진정한 '마을살이'와는 거리가 멀다. 직장이 삶의 거주지인 마을을 대신할 수는 없고, 이들은 여전히 살고 있는 지역에서는 하숙생일 뿐이다. 거주지에서 공동체의 일원으로 마을의 의제를 공론화하고 숙의하는 과정에는 참여할 수도 없다.

이처럼 청년층의 마을사업 참여가 어려운 것은 한국사회의 장시간 노동구조로 설명될 수 있다. 경제협력개발기구 OECD 국가 중 최고의 근로시간을 기록하는 한국의 직장인은 마을에 살지 못하고, 직장 근처를 부유浮游한다. 퍼트넘이 산업혁명 자체가 일하는 장소를 거주장소에서 분리해내는 과정의 시작이라고 말했던 것처럼, 우리는 집 밖의 공장과 사무실에서 더 많은 시간을 보내고 있다.[69] 2015년 OECD 회원국의 연간 평균 근로시간 조사 결과, 한국은 멕시코 다음으로 높은 2,071시간을 기록했다. 2014년 고용노동부의 '고용형태별 근로실조사 보고서'에 따르면, 10명 중 1명은 법정 근로시간 한도인 주 52시간을 넘겨 일한다. "자본주의 생산

69. 로버트 퍼트넘. 2009. 정승현 역. 『나 홀로 볼링: 볼링 얼론, 사회적 커뮤니티의 붕괴와 소생』(Bowling Alone: The Collapse and Revival of American Community). 서울: 페이퍼로드. p. 137.

구조는 대중의 일상생활의 위치와 조건과 더불어 그들의 기질도 바꾸"는 영향력이 있다.[70] 노동구조는 개인 삶의 형태까지 결정짓는다.

한국 30대 남성[71]의 삶의 모습은 절대적 시간 빈곤을 명확히 보여준다. 평일에 평균 5시간 41분을 일하고, 이동에 1시간 53분, 수면과 식사 등으로 11시간 16분을 쓴다. 기본적인 삶을 영위하는 데 필요한 기본시간(개인 유지, 일, 이동시간)을 제하고 주어지는 시간은 하루 5시간 내외다. 자유시간 중 TV나 영화를 보는 등의 문화 및 여가활동으로 3시간 남짓을 쓰고 남은 시간에 친구를 만나거나 가족을 돌보거나 청소를 한다. 이 중 친구나 이웃을 만나서 교제하거나 참여하는 사회참여 활동은 하루에 39분이고, 봉사활동으로 보내는 시간은 하루에 1분도 되지 않으니 사실상 전무하다고 보아야 한다.[72]

---

70. 페르디난트 퇴니스. 2017. 앞의 책. p. 343.
71. 마을공동체 사업 결과보고서의 참여자는 상당수 허위로 작성되어, 이 보고서를 토대로 보고된 서울시마을공동체종합지원센터(2014)*의 사업 참여자의 결과를 전적으로 신뢰하기 어렵다. 그러나 30-40대 여성 참여와는 대조적으로 낮은 30-40대 남성의 참여는 현장에서 여러 차례 증언된 바 있으며, 기존 연구에서도 동일하게 나타난다(김홍순 · 원준혁. 2013. "주민참여 및 인식도에 있어서 인구통계학적 요인의 특성에 대한 고찰." 『서울도시연구』. 14(1): 93-111.).
  * 〈서울시 마을공동체 사업결과보고(서울시마을공동체종합지원센터, 2014) 중 연령별 성별 참여 비율표〉 (%)

구분	20대	30대	40대	50대	60대
남	39.8	27.6	23.7	36.8	53.6
여	60.2	72.4	76.3	63.2	47.4

72. 통계청. 「생활시간조사」. "연령대별 평균시간(30대/남성/요일평균)". 2019.

〈표 1〉 30대 남성의 하루

구분	시간	
개인유지(수면, 식사 등)	11:16	
일	5:41	기본시간: 약 19시간
이동	1:53	
문화 및 여가활동	3:07	
교제 및 참여활동	0:39	
가족 및 가구원 돌보기	0:29	자유시간: 약 5시간
가정관리	0:38	
학습	0:17	
자원봉사 및 무급연수	0:01	

출처: 통계청 생활시간조사 2019.

　　개인의 삶을 유지하고, 회복하는 것만으로도 벅찬 절대적 시간빈곤자들이 마을공동체 사업에 참여하고 지역사회 논의를 함께하기는 어렵다. 선택한 것은 직장 하나뿐인데, 삶의 질적 영역을 고민하고 회복할 수 있는 기회에서 구조적으로 배제되는 결과를 가져온다. 시간의 빈곤time-poverty은 개인으로 하여금 공공적 공간에서 호소할 필요가 있는 결핍과 문제를 나타내는 동시에, 자유시간이라는 자원의 결여로 인해 공론장에 충분히 접근할 수 없는 악순환의 전형을 보여준다. 아렌트의 표현을 빌리자면, 시간빈곤자의 문제는 "타자에게 보여지고, 들려지는 경험"을 잃는다는 데 있다. 노동조건은

(https://kosis.kr/statHtml/statHtml.do?orgId=101&tblId=DT_2019_004_1TM1021X&conn_path=I3)

인종적 편견이나 경제적 빈곤으로 인한 '고독'loneliness 혹은 '버림받음'Verlassenheit의 문제만큼 다수의 개인을 공론장에서 배제시킬 수 있다. 따라서 '정치적인 삶'bios politicos을 살기 위한 조건은 생활의 필요로부터 해방되어 자유시간을 얻는 것에서 시작된다는 고대 그리스 시대의 인식은 오늘날에도 유효하다.[73]

2018년 7월부터 최장 법정 근로시간을 주 68시간에서 52시간으로 단축하면서, 개인의 일과 생활의 균형Work-Life Balance을 실현할 수 있으리라고 기대했다. 그렇다면, 근로시간 단축이 곧바로 사람들의 공동체적 삶을 회복시키는 데 기여할 수 있을 것인가. 근로시간 단축이 좀더 많은 여가시간을 확보해주리라는 기대는 가능하지만, 여가시간이 늘어날 때 사회적 관계를 형성하는 공동체적 활동 또한 늘어나리라 단정하기는 어렵다. 퍼트넘은 TV오락은 우리의 욕망을 충족시켜주지만, 영양상태에는 아무런 도움이 되지 않는 '패스트푸드'와 마찬가지라고 언급한다.[74] 여가시간의 확대는 장기적으로 개인과 공동체에 유익을 가져다준다. 그러나 개인은 시

73. 사이토 준이치(齋藤純一). 2009. 윤대석·류수연·윤미란 공역.『민주적 공공성: 하버마스와 아렌트를 넘어서』(公共性). 이음. p. 33
74. 로버트 퍼트넘. 2009. 앞의 책. p. 401

간과 노력을 들여 사회적 관계를 형성해야 하는 슬로푸드 대신 패스트푸드 같은 TV오락을 선택할 것이라는 예측에 더 무게가 실릴 수 있다.

통계자료를 살펴보면, 취업상태에 따라 마을에 머물고 활동을 할 수 있는 여가시간은 두 배 이상의 차이를 보인다. '2016년 양성평등실태조사'에서 하루 평균 시간활용 현황에 대한 응답에 따르면, 비취업자가 하루 7.09의 여가시간을 가질 때, 임금근로자와 비임금근로자는 각각 3.13시간, 3.43의 여가시간을 갖는다.[75] 그러나 늘어난 여가시간이 공동체 활동에 반영되지는 않았다. '2017년 사회조사'에서 경제활동 상태에 따른 단체 참여는 취업상태인 경우 54.9%로 실업 및 비경제활동인의 42.2%보다 높았다. 취업자들이 단체 활동을 통한 사회적 자본을 적극적으로 구성한다고 해석할 수 있는 대목이다. 취업자들의 참여가 높은 단체의 종류는 친목 및 사교단체, 취미·스포츠 및 여가활용단체, 이익단체 등이다. 이 중 취업자의 이익단체 참여율은 실업 및 비경제활동인의 0.9%의 6배에 다다르는 5.3%다. 반면 실업 및 비경제활동인 경우는 종교단체, 시민사회단체의 참여에서 취업자보다 높

---

75. 조사는 시간을 6개의 카테고리로 나누었다. 생리적 시간, 일하는 시간, 학습 및 자기개발, 가사시간, 돌봄시간, 여가시간이다. 이 중 여가시간은 TV보기, 영화 및 스포츠 관람, 독서 등의 개인 취미활동을 비롯해 친구 만나기, 자원봉사, 종교활동 등 사회적 관계를 형성하는 시간까지를 포함한다.

〈표 2〉 경제활동상태에 따른 단체참여

구분		경제활동상태	
		취업	실업 및 비경제활동
참여자 비율		54.9	42.2
참여단체 * 복수 응답 비율 (%)	친목 및 사교단체	82.3	70.6
	종교단체	24.9	34.3
	취미,스포츠 및 여가활용 단체	44.9	41.0
	시민사회단체	7.3	10.5
	학술단체	5.6	5.5
	이익단체	5.3	0.9
	징치단체	1.4	1.1
	지역사회모임	10.5	10.4
	기타	0.0	0.2

출처: 통계청 사회조사(단체참여, 지난 1년간, 복수응답), 2017.

은 참여를 보였다. 지역사회모임의 참여는 유의미한 차이를 보이지 않았다.

여기서 다음의 두 가능성을 생각할 수 있다. 먼저 취업자의 사회적 자본은 자본주의적 사고를 토대로 경제적 이익으로 환원될 수 있는 단체 활동을 우선시하고, 실업 및 비경제활동인의 사회적 자본은 좀더 비시장경제적인 논리로 구성된다. 둘째로 지역의 의제가 논의되는 모임 참여에 취업 여부는 크게 영향을 미치지 않는다. 이와 같은 가능성에 근거할 때, 노동자가 노동시간 단축을 통해서 획득한 여가시간을 공동체 활동이나 지역 의제를 논의하는 공론의 현장에 더 많이 투자하리라고 막연히 기대하기는 어렵다. 늘어난 여가시간을 노동자가 기존의 사회적 자본을 형성하였던 이익단체 모임에 온전히 집중할 가능성도 열려 있다. 즉 장시간 노동자는 마을공동체 사업에서 구조적으로 배제된다고 해석할 수 있지만, 노동조건이라는 구조적 변화만으로 마을공동체 참여를 유도하는 것은 가능하지 않으며, 사회문화적 변화가 함께 고려되어야 한다.

즉 마을공동체에 참여를 확장하기 위해서는 사업이 활성화될 수 있는 구조적 환경과 함께 개인적이며 문화적인 환경이 함께 고려되어야 한다. 정책사업이 추진되는 즉시 정책의 이상이 개개인의 삶에 흡수되어 변화를 가져오고 사회적 흐름을 만들어낸다는 믿음은 루이스 비반코[Luis Vivanco]에 따르면 일종의 "기술 결정론"[technological determinism]에 불과하다. 그는 '시클로루따'[Cicloruta]라는 콜롬비아 보고타의 정책사업을 연구하였는데, 스페인어 시클로루따는 사이클[ciclo]과 길[ruta]의 합성어로 자전거도로를 뜻한다. 그러나 시클로루따 사업은 단순히 자전거도로 확충사업이 아니라, 자동차에 대한 휘발유세 인상, 자동차 통행량 제한, 광장과 공원 확장 등을 포함하는 도시의 자전거 친화사업이다. 이 사업은 보고타 시장市長이었던 두 인물, 안타나스 모쿠스Antanas Mockus(1994-1997, 2000-2003)와 엔리케 페날로사Enrique Pe alosa(1997-2000)에 의해 적극적으로 추진되었는데, 당시 무질서한 도시개발과 폭발적인 자동차 사용, 더럽고 비효율적인 버스 등의 문제를 해결하기 위해 대안 이동수단으로 자전거가 제시되었다. 자가용은 보고타 시민의 15%에 불과한 사람들만 이용하고 있었는데 도시의 많은 공간을 점유하는 깃이 불합리하다는 이의제기기 있었기 때문이다. 다수의 시민들이 도시에서 "공공장소에 대한 권리"right to public space를 빼앗기고 있으므로 자전거도로가 "사람들이 자신을 평등하게 여길 수 있는 유일한 장소"the only place where people can see themselves as eqaul가 될 수 있다고 사업 관계자들은 보았다.

그러나 도시 공간과 도시에 대한 인식을 바꾸려는 이 정책은 큰 성공을 거두지 못한 것으로 평가된다. 정책사업은 페날로사 시장에 대한 탄핵으로 정치적 추진력이 약화되었고, 물리적으로는 유지관리의 어려움이 있었다. 또한 관련 법령의 혼란과 강도 및 범죄로 인한 불안 등의 문제에 당면했다.

그리고 주요한 이유 중 또하나는 자전거는 여전히 가난하고 소외된 사람들의 이동수단이고, 자동차는 중산층 및 부유층의 이동수단으로 인식된다는 점이었다. 비반코는 자전거 의식을 배양한다는 레토릭과 실제 사람들이 일상생활에서 자전거를 타는 행위에 대한 인식 사이에는 여전히 간극이 있음을 지적한다. 정책의 레토릭과 현장에서의 인식이 다른 문제는 왜 발생했을까. 비반코의 연구는 인식 차이가 발생한 원인 분석까지는 다루지 않았다. 그러나 비반코가 언급한 버니Berney의 연구[76]를 보며 나는 인식 차이의 문제가 참여의 문제와 관련되어 있지 않을까 생각했다. 버니는 시클로루따 사업이 지방자치단체 공무원에 의한 하향식 사업이라는 한계가 있었다고 지적한다. 정책사업이 추진되는 과정에서 자전거와 관련된 시민사회 내 다양한 조직들이 협력했지만, 이는 "최소한의 시민 참여"였다. 사업이 정치적 수사로 끝나지 않고 일상생활의 변화로 이루어지기 위해서 다양한 시민의 폭넓은 참여는 필수적이다. "만들면 그들이 여기 올 것이다"build-it-and-they-will-come라는 식으로 사업정책을 마법처럼 여기는 믿음에는 한계가 있다. 문화적 태도나 사회적 관계, 역사

---

76. Berney, Rachel. 2010. "Learning from Bogotá: How Municipal Experts Transformed Public Space." *Journal of Urban Design*. Vol. 15. No. 4. pp. 539 – 558.

적 맥락 등이 도시 공간 사람들의 태도를 조건화한다. 때문에 비반코는 지역수준에서 "변화를 추진하는 다른 힘"을 고려할 필요가 있다고 본다.[77]

이렇듯 자전거를 탈 수 있는 물리적 환경이 조성되었다고 자전거 이용률이 자연스럽게 높아지지 않는 것처럼, 공동체를 만들 수 있는 의도적이고 구조적인 환경을 조성한다고 개개인이 마을공동체에 참여하도록 자신의 행동을 바꾸지는 않는다. 공동체 참여를 주저하게 하는 의식의 구조, 문화의 구조가 함께 고려되어야 한다. 그렇다면 한국사회에서 공동체 참여를 가로막는 문화적 장벽은 무엇인가.

그 견고한 장벽 중의 하나는 성별역할에 대한 인식이다. 참여와 배제의 양상은 성별로도 극명하게 드러나는데 마을공동체 사업에는 여성 참여자가 압도적으로 많다. 이는 '남성의 생계부양과 여성의 돌봄노동'이라는 한국사회의 구조를 반영한다. '2014 생활시간 조사'에서 확인되었듯 30대, 40대, 50대 여성은 하루에 각각 남성의 8배가 넘는 시간을 가정관리와 가족 및 가구원 돌봄을 위해 쓴다.

여성 중에서도 일하는 여성은 일과 가정의 이중부담으로 공동체 활동에서 배제되고, 전업주부는 가정에서의 돌봄노

---

77. Vivanco, Luis Antonio. 2013. *Reconsidering the Bicycle: An Anthropological Perspective on a New(Old) Thing*. New York: Routledge. pp. 76-98.

〈표 3〉 가정 및 돌봄노동의 세대별·성별 평균시간

구분	남	여
30대	0:55	4:55
40대	0:42	3:39
50대	0:40	3:24

* 출처: 통계청 생활시간조사, 2014

동을 사회적 돌봄노동의 영역으로 확장하였다. 마을공동체
가 형성 및 발전되는 과정에서 여성은 자녀양육과 교육 분야
에서 주도적 역할을 하였다. 연대적 원리로 사회적 돌봄노동
을 이루어냈다는 지점은 성과지만 한편으로는 돌봄노동을
여성의 영역으로 더욱 견고히 고착시켰다고 볼 수 있다. 여
성의 마을공동체 운동 참여는 돌봄노동에 한정되지 않고 지
역운동, 풀뿌리운동, 생활정치 등의 실천에 중추적 역할을
하였다는 분석[78]도 있지만, 현장에서 돌봄은 여전히 여성 중
심의 활동이다. 운동의 다수는 공동육아에서 출발하였고 확
장된 영역도 주부 및 어머니로서의 환경운동, 소비자운동,
먹거리 생협 운동 등이다. 따라서 사회구조적 여성의 한계가
마을공동체에서도 재현된다고 해석하는 것이 적절하겠다.
나아가 가정에서 모성과 돌봄으로 착취되던 여성노동력이
사회로 확장되어 이루어지고 있다는 비판도 가능하다.

---

78. 전희경. 앞의 논문.

생계활동으로 직업전선에 뛰어든 경제적 약자가 마을공동체 사업에서 배제되면서 사업이 중산층 운동의 한계성을 띨 수 있다는 점도 경계해야 한다. 사람들은 기본적인 생계를 해결하고 난 이후에 삶의 질이라는 공동체 영역에 발을 디딘다. 자신의 욕구와 문제를 해결하기 위해 누구보다 공동체가 필요한 계층이 정작 공동체에 참여할 수 없게 되면, 이들은 시장경제에서 고스란히 타격을 입게 되고 경제적 약자의 문제는 심화된다. 이처럼 사회적 자본을 획득하지 못한 계층이 참여에서 배제·제한되는 구조는 결과적으로 사회적 자본의 편중을 가져온다. 퍼트넘도 인정하듯이, 사회적 자본은 "거래할 밑천을 이미 갖고 있는 사람들에게 혜택을 가장 많이 주며 그들의 이익을 스스로 강화시켜주는 측면"이 있다.[79] 따라서 마을공동체 사업이 오히려 사회적 자본의 양극화를 심화시킬 위험도 있다.

부르디외는 모든 종류의 자본은 "변형되고 위장된transformed and disguised 형태의 경제적 자본"으로 귀속된다고 지적한다.[80] 나는 사회적 자본을 '은폐된 경제적 자본'으로 보는 부르디

79. 로버트 퍼트넘. 2009. 앞의 책. pp. 563-564.

80. Bourdieu, Pierre. 1986(1983). The Forms of Capital. pp. 241-258 in J. G. Richardson (ed.). Handbook of Theory and Research for the Sociology of Education. Westport, CT: Greenwood Press. p. 252; 김상준, 2004. 앞의 논문. pp. 69-70에서 재인용.

외의 시각을 공유한다. 마을공동체 사업 참여는 민주주의의 실현과 지역의 공공 어젠다에 참여하는 것으로 포장되지만, 현실에서는 자치권력의 획득과 개인 및 집단의 이해관계를 떼어놓고 해석하기 어렵다. 물론 자기이해를 떠나 순수한 호혜적 대화나 자기만족이 존재할 수 있다. 나에게 득이 되어서 공동체 활동을 하는 것이 아니라, 그저 사람이 좋고 공동체가 좋다는 사람들도 있다. 현장은 단일한 해석으로 평가될 수 없고, 이익을 떠나 연대와 나눔을 실천하는 현장을 부정할 수 없다. 다만, 정책지향과 다르게 드러나는 현장의 참여자 문제를 이해하기 위해서는 은폐된 것은 없는지, 막혀 있는 장벽은 없는지 살펴야 한다.

'사회적 자본이 곧 경제적 자본이 될 수 있다'는 사실은, 사회는 평등하고 문화적 참여가 개방되어 있으므로 마을공동체 사업의 참여와 비참여는 '개인의 선택'에 불과하다는 해석으로 은폐conceal된다. 교묘한 위장 뒤에는 자본주의 시장원리로 구성된 한국사회의 노동구조가 마을공동체로의 진입을 결정하는 요인으로 작용한다. 문제는 한국사회 노동시장 구조를 통해 만들어진 마을공동체의 참여구조가 고착화될 수 있다는 점이다. 이미 여성 중심의 성비 불균형은 남성 참여자가 '섞이기 힘든' 문화적 경험을 통해 더욱 견고해진다.

이처럼 참여에서 배제되는 구조적·문화적 장벽의 문제는 마을 공론장 형성에도 영향을 미친다. 제한된 참여로 이루어지는 마을공동체의 공론장이 모두의 공론장이 될 수 있을까? 마을공동체에 진입해서 성장한 사람들에 관한 이야기도 생각해볼 필요가 있다. 마을공동체 사업의 확장과 안정성을 위해 양산하는 마을전문가는 마을의 임금근로자가 되었다. 마을공동체 안에는 임금근로자가 되어 참여하는 소수 직업 활동가가 있고, 마을공동체 밖에는 생업을 위해 마을을 떠나 일하는 다수의 대중이 있다. '참여의 장벽'과 연결되는 '제한된 공론장'의 문제에 대해서는 다음 장에서 살펴보자.

4장

공론장을 **자연스럽게**
만들 수 있을까?

| 마을공동체와 공론장 |

　마을공동체 활동을 하다보면 '마을공론장', '주민자치공론장', '지역공론장' 등의 말을 종종 듣는다. 공론장公論場은 사전적으로 여러 사람이 함께 논의할 수 있는 장소라는 뜻인데, 마을공동체의 공론장은 독일 사회학자 하버마스Jürgen Habermas가 말하는 공론장public sphere(공공영역)의 의미와 매우 유사하다. 그에 따르면 공론장은 유럽 도시의 작은 살롱salon에서 시작했다. 18세기 런던이나 파리의 사람들은 살롱(영국에서는 커피하우스)에서 이제 막 발간되기 시작한 신문을 읽으며 정치적 쟁점을 토론하곤 했다. 하버마스는 이 살롱이 민주주의 발달에 매우 중요한 역할을 담당했다고 본다. 이곳에서 사람들은 공적인 의제를 가지고 함께 토론하고 문제해결을 모색했다. 또한 이러한 공론장은 원칙적으로 공개적이며, 참석자들의 동

〈그림 5〉 자치구 주민총회 안내

일한 권리를 보장했다.[81]

마을공동체에서 추구하는 공론장도 이와 같은 살롱적 공론장이다. 마을의 의제를 놓고 함께 토론하며 문제를 해결하고자 한다. 대표적인 마을공론장은 '주민자치의 꽃'이라 불리기도 하는 '주민총회'이다. 1년에 한번 열리는 주민총회는 거의 1년을 준비한다고 해도 과언이 아니다. 주민총회에서 빼놓지 않고 꼭 해야 할 과업은 다음 연도 자치계획을 수립하는 것이다. 주민자치회와 마을공동체가 적극적으로 결합하기 전까지 자치계획은 주민자치회의 위원들이 논의해서 결정했다. 그러나 이제 주민총회는

동 주민들 누구나 참여하는 회의가 되었다. 주민들은 후보에 오른 여러 지치계획(안) 중에서 어떤 것이 적절한지 살펴보고 투표한다. 동에 따라 찬성 혹은 반대 의사를 묻거나, 우선순위를 매겨 선호도를 확인하여 많은 주민이 원하는 지역 의제를 결정한다. 주민자치회 위원들은 주민총회에 상정할 의제(안)를 여러 번의 자체 회의를 통해 논의한다. 의제의 특성 및 동의 프로세스에 따라 설문조사나 확대회의 등의 형식으로 주민의견을 미리 수렴하기도 한다. 이렇게 주민총회 이전에 지역의 의제를 발굴·토론하고, 주민총회에서는 그 의제를 설명·결정하며, 주민총회에서 결정된 사항은 전체 주민에게 알리고 사업을 추진한다. 그래서 주민총회는 여러 주민이 참여하여 마을 의제에 대해 토론할 수 있는 공간으로서의 공론장이며, 지역주민의 의견을 직접 반영할 수 있기에 지방분권 및 주민자치가 실현되는 현장으로 언급된다. '공론장'의 의미와 필요가 논의되기 전까지 우리에게 더 익숙했던 것은 '공청회(公聽會)'이다. 주로 관에서 특정 이슈에 대해 설명하고 주민 의견을 듣고자 하는 제도인데, '공공 의제'를 다루며 '공개된 모임'이라는 점에서는 공론장과 유사하다. 그러나 공론장은 자유로운 토론을 좀더 강조한다.

서울형 주민자치회 및 마을공동체의 정책설계를 보면, 하버마스가 자유로운 토론이 이루어지는 살롱에서 민주주의가 실천된다고 보았던 것처럼, 주민총회를 비롯한 마을공론장에서 의제에 대한 숙의와 토론을 통해 지역의 건강한 민주주의를 발전시킬 수 있으리라 여겨진다. 마을공동체 중간지원조직의 활동가나 주민자치회 간사 등도 공론장을 다음과 같이 설명한다. 즉 공론장에서의 토론의 의미는 급하게 결정을 내는 데 있지 않고, 다양한 사람들이 의견을 주고받는 가운데 자연스럽게 의제에 대한 이해를 높일 수 있으며 극단의 의견이 조정되는 과정적 효과가 크다는 것이다. 주민총회에 참여한 주민들이 지역의 문제가 무엇이고 어떻게 해결해야 할지를 고민하고 의견을 나누는 과정 속에서 숙의민주주의^{deliberative democracy}를 경험할 것으로 기대된다.

그러나 하버마스의 공론장은 많은 비판을 받기도 한다. 살롱에 드나들며 자유로운 토론을 할 수 있었던 이들은 상층 사회계급이었다. 살롱에서 토론을 즐겼던 사람들은 전체 인구에 비하면 극소수의 지식인들인 것이다. 엘리트들의 지적 유희가 이루어지는, "노동 계급은 닿을 수 없는 공간"이었다. 또한 낸시 프레이저^{Nancy Fraser}는 보편적으로 공론장이 '중간 계급/남성'을 상정함으로써 여성은 '공공'에서 의도적으로 배제되었다고 지적한다.[82]

오늘날 주민총회에서도 항상 자유롭고 활발한 의사소통이 이루어지는 것은 아니다. 하나의 행사로 치러지기에 급급해서 의제에 대한 충분한 질의응답은 미흡하다는 평가들도 있다. 또한 여성, 소수인종, 가난한 사람, 장애인 등 모두에게 자유로운 토론의 장소인가도 생각해봐야 한다. 내가 참석했던 몇 번의 주민총회에서 누군가를 특정해서 막는 것을 보지는 못

---

82. 앤서니 기든스·필립 서튼. 앞의 책. pp. 774-775.

했지만, 그렇다고 신체장애인을 마주친 적도 한 번도 없있다. 우리의 공론장은 확실히 열려 있는 걸까? 다양한 의견이 자유롭게 오갈 수 있는 공간일까? 공론장의 의미를 기억하며, 이 장에서는 공론장이 자연스럽게 만들어질 것이라고 보는 정책설계에 대해 생각해보자.

친밀권으로부터 공론장으로의 '자연스러운' 전환

퍼트넘의 『나 홀로 볼링: 사회적 커뮤니티의 붕괴와 소생』은 3장에서 살펴보았던 사회적 자본과 사회 참여에 대한 이야기이다. 퍼트넘은 미국사회에서 볼링을 치는 사람은 늘었지만, 볼링클럽 가입자는 줄어드는 상황에서 '볼링클럽'이 갖는 의미를 살펴본다. 볼링클럽이 포괄하는 것은 '사적이고 느슨한 모임들'을 말한다. 뜻과 삶을 같이하는 끈끈한 공동체와는 구별된다. 퍼트넘은 가끔 만나 볼링을 치는 정도의 느슨한 관계에서 시작해 시민으로서의 참여의식이 다져지고, 결과적으로 민주정치의 영역, 즉 공적 영역으로 전개될 수 있다고 본다.[83] 독재정권에 대항하면서 지하에서 새로운 유토피아를 꿈꾸며 결의를 다지는 정치적 조직도 아니고, 하

---

83. 로버트 퍼트넘. 2009. 앞의 책.

다못해 모임의 성격이 정치토론도 아닌 볼링클럽이 어떻게 민주사회를 만드는 데 기여할 수 있다는 말일까?

하버마스의 친밀권–공론장 이론에서도 마찬가지의 문제 제기가 가능하다. 그가 정의하는 친밀권intimate sphere은 느슨한 연결로 "타자의 구체적인 삶과 생명에 대한 배려나 관심을 갖는" 사이를 말한다.[84] 그것은 동네에서 슬리퍼를 끌고 나가서 저녁 반찬거리나 밥상 물가를 이야기하는 일상적이고 사소한 관계다. 반면 공론장public sphere은 복수의 사람들이 모여 공동의 문제를 논의하고 일정한 결론에 도달해가는 의사소통이 제도화된 공간이자 과정이며 민주주의가 실현되는 공간이다. 하버마스는 『공론장의 구조변동: 부르주아 사회의 한 범주에 관한 연구』Strukturwandel der Öffentlichkeit: Untersuchungen zu einer Kategorie에서 18세기 부르주아 계급이 정치사회적 억압으로부터 어떻게 이성적 권력에 비판을 가하며 공론장을 형성하게 되었는가를 설명한다.[85]

이처럼 일상의 사소한 관계가 민주적 의사소통이 가능한 공론장으로 이행한다고 보는 하버마스의 관점은 볼링클럽이 민주주의의 성취로 나아간다고 설명하는 퍼트넘의 관점

---

84. 사이토 준이치. 앞의 책. p. 108.
85. 위르겐 하버마스. 2001. 한승완 역. 『공론장의 구조변동: 부르주아 사회의 한 범주에 관한 연구』. 서울: 나남.

과 유사하다. 또한 피트넘과 하비마스는 각각 볼링클럽에서 민주정치 참여로, 친밀권에서 공론장으로서의 전환을 자연스러운 과정으로 그리고 있다는 점에서도 공통적이다.

그러나 친밀권과 공론장은 다음의 세 가지 차원, 즉 담론 및 의제 수준, 참여자의 성격, 공간의 범위에서 이질적이다.

먼저, 담론 및 의제 수준에서 차이가 있다. 공적인 것, 사적인 것을 양극으로 놓는 이분법적 시각에서 공^公은 국가적이며 공적인 것을 의미하고 사^私는 개인적이며 일상적인 것을 의미한다. 하버마스의 친밀권과 공론장은 분명 이질적이긴 하지만, 그렇다고 공과 사를 극단에 놓지는 않는다. 친밀권이 사적 담론에 한정되어 있다면, 공론장은 공적 권위의 장과 사적인 장 사이에 형성된다. 하버마스의 공론장이 완전히 공적인 영역에 속할 수만은 없는 이유는 공론장이 '공적 권력에 저항하는 공간'이기 때문이다. 공론장의 공^公은 기성 권력과 질서를 문제시하는 차원을 의미한다.[86] 때문에 하버마스의 공론장은 공-사를 연결하며 절대주의 권력의 기초가 되는 원칙과 요소들을 비판한다는 점에서 사의 영역인 친밀권과 차이가 있다.

---

86. 하상복. 2016. 『하버마스의 공론장의 구조변동 읽기』. 서울: 세창미디어. pp. 63-69 ; 이신행. 1994. "하버마스의 '공공권역', 1987년의 정치변동, 그리고 새로운 정당성의 형성." 『사회비평』. 12: 229-235.

〈그림 6〉 사회적 자본을 매개로 한 친밀권에서 공론장으로의 전개

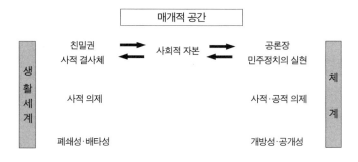

둘째로 주체의 성격도 다르다. 친밀권에서의 주체들은 개인적이고 사소한 관계를 맺는다. 그러나 공론장의 주체는 사적 존재이자 공적 존재이다. 복수의 주체가 서로 관계 맺는 가운데 공론장은 성립한다.[87] 이들은 합리적 사유와 토론을 통해 사적 이익을 공적 가치로 바꾸고 공유하는 힘이 있는 존재이다. 즉 공론장에 속한 개인은 이성적으로 사고하는 합리적이며, 독립적이고 자율적인 존재다.

그러나 하버마스가 모든 공론장의 주체가 이성적이고 자율적이라고 본 것은 아니다. 하버마스는 공론장을 다음의 3개 유형, 즉 부르주아 공론장bourgeois public sphere, 인민적 공론장plebeian public sphere, 규율적 공론장regimented public sphere으로 분

---

87. 김만재. 1997. "막스 베버의 도시사회학 이론". 『국토』. 186 : 78-81.

류힌다. 이 중에서 이성적·힙리적 공중으로서 자유주의에 기초한 개인이 존재하는 장은 오직 부르주아 공론장뿐이다. 나머지 둘은 '변종'ª ᵛᵃʳⁱᵃⁿᵗ이다. 인민적 공론장은 '교양 없는 민중'이 주도하며, 규율적 공론장은 '국민투표적 동의'라는 정치행태로서 참여자들 사이의 실제적인 토론이나 논쟁이 진행되지 못하고 권력의 뜻에 따라 조작될 가능성이 큰 공간이다. 인민적 공론장은 이성과 합리성이 결여되고, 규율적 공론장은 독립성과 자율성이 확보되지 못한다. 바르게 구축된 공론장은 부르주아 공론장뿐이다.[88] 따라서 부르주아 공론장에는 친밀권과 구별되는 주체의 특성이 발견된다. 한편으로 기억해야 할 것은 변종형 공론장이 형성될 수 있는 위험인데, 한국사회에서 만들어지는 공론장의 형태가 어디에 속하는가에 대해서는 이 장의 말미에 생각해볼 것이다.

셋째로 공론장에서 공은 모두에게 열려 있다는 공간적 의미의 공ᵒᵖᵉⁿ과 의견의 교환과 소통 과정으로서 공ᶜᵒᵐᵐᵒⁿ을 의미한다. 공론장이 지향하는 이 개방성과 공개성은 사적이고 친밀한 모임이 갖는 폐쇄성·배타성과 차이가 있다.[89]

친밀권은 사적이고 개인적인 이야기를 나누는 공간이기 때문에 참여자의 특정 조건이 필요하지도 않고, 우리 '끼리'

88. 위르겐 하버마스. 2001. 앞의 책.
89. 사이토 준이치. 앞의 책. pp .18-19.

모인다고 문제가 될 것도 없다. 그러나 구청에서 여는 주민 공론장은 다르다. 일정을 미리 공개해서 관심이 있는 누구나 참석할 기회를 주어야 한다. 주제와 관련 없는 이야기를 늘어놓거나 공적인 자리에 어울리지 않는 말투와 태도를 보인다면 다른 참여자로부터 눈총을 받거나 진행자에게 제재를 당할 수 있다.

이와 같은 차이에도 불구하고, 어떻게 친밀권이 공론장으로 전개될 수 있을까? 퍼트넘에 따르면, 사회적 자본은 구성원의 자발적 협력을 촉진함으로써 민주주의에 다다르게 할 수 있다. 즉 우리 동네 맛집이나 자녀교육 같은 사소하고 개인적인 이야기를 하던 살롱적 관계가 지역사회의 의제를 공식적으로 논의하는 공론장으로 성격이 바뀔 수 있는 것은 '사회적 자본'이 매개하기 때문이다. 사회적 자본은 공론장이 형성되기 위한 전제조건이다. 또한 공동체 구성원이 민주적 의사소통을 통해 신뢰를 구축하는 공론장은 사회적 자본의 형성과 축적에 기여한다. 즉 공론장과 사회적 자본은 상호조응 관계다.

그러나 사회적 자본이 민주주의가 구현되는 기반이 되고, 또 동시에 민주주의가 구현될 때 사회적 자본이 형성된다는 식의 설명은 앞 장에서 언급했듯이 퍼트넘 이론이 동어반복저이라고 비판받는 부분이다. 또한 사회적 자본이 친밀권과 공론장을 매개하는 과정이 구체적으로 어떻게 가능한지에 대해서도 그의 설명은 그리 친절하지 않다. 친밀권과 공론장의 차이를 메우며 어떻게 사회적 자본이 공동체 형성에 기여하는지, 형성된 공동체에서 어떻게 활발한 공론장과 높은 사회적 자본이 나타나는지에 대한 설명이 필요하다.

친밀권에서 공론장으로 공간 범위가 확장되는 과정에 대한 설명으로 서머빌Somerville의 연구[90]가 있다. 그는 공동체의 성장을 단계별로 설명한다. 공동체를 크기에 따라 총 4단계로 구분하는데, 가장 작은 규모는 부모의 감시 없이 어린이가 놀 수 있는 500명 이하 규모에서 이루어지는 동네들이다. 친밀한 사회적 상호작용이 이루어지는 첫번째 단계가 합해져 조직화하면 두번째 단계로 전개된다. 두번째 단계는 사회경제적 지위, 계급, 인종 등의 배경 또는 이해관계에 기초해 정체성이 형성되는 500-3,000명 규모의 지역공동체다. 세번째 단계는 최하위 정부 계층이 담당하는 구역인 3,000-20,000명 규모로, 정부와 주민 간의 제도화된 상호작용이 가능해진다. 마지막으로 20,000명 이상으로 확대되면 동네라기보다는 도시의 성격을 갖는다. 단계의 성격으로 보면, 사

90. Somerville, P. 2011. Multiscalarity and Neighbourhood Governance. *Public Policy and Administration*, 26(10): 81-105.

적 친교의 장인 서머빌의 1단계가 하버마스의 친밀권이며, 규모화된 사적 결사체로 확장되는 2단계를 거쳐 민주적 의사소통이 이루어지는 공론장으로서의 3단계 과정으로 확장된다. 사적 공간이 공적 공간으로 전개되기 위해서 퍼트넘은 사회적 자본의 역할을 중요하게 생각했지만, 서머빌은 집단적인 관계에 집중한다. 다음 단계로 나아갈 수 있는 동력은 사적인 근린 단위의 모임이 수평적으로 연대할 때 형성된다. 즉 '수평적 연대'라는 매개 조건이 충족될 때, 자신에게 영향을 미치는 주요한 의제들을 민주적 방법으로 결정해나가는 정치적 공동체로 확대될 수 있다. 퍼트넘이 사회적 자본을 매개로 발전된 민주주의로 나갈 수 있다고 본 것과 마찬가지로 서머빌은 수평적 연대를 매개로 국가와 시민의 민주적 성숙을 바탕으로 한 공동거버넌스co-governance, 협력적 거버넌스collaborative governance로 전개될 수 있을 것이라 기대한다.

그러나 '사회적 자본'이건, '수평적 연대'건, 과연 다른 두 영역이 매끄럽게 연결될 수 있을까? 이는 아렌트도 의심을 품는 지점이다. 아렌트는 단순히 친밀권이 확장되어 공론장이 된 것은 아니라고 비판한다. 그는 "진리의 보증으로서 의사소통의 중요성을 주장한 근대 철학자가 자주 범하는 잘못은 대화의 친밀성, 즉 내가 나 자신이나 '또 하나의 자기'에게 호소한다는 '내적 행위'의 친밀성이 확장되어 정치적 영역에서 모델이 될 수 있다고 믿어버리는 점"임을 강조하며, 친밀권에서 공론장으로의 자연스러운 전환과정에 이의를 제기한다.[91]

사이토 준이치齋藤純一도 친밀권에서 사람과 사람의 연결이 자연스럽게 공적인 성격으로 이행하지 않는다는 아렌트 견해에 동의한다. 그러나 한편으로 친밀권이 공론장으로 나아갈 가능성은 열어둔다. 그는 친밀권이 공공적이고 정치적인 공간으로 즉시 이행하는 것은 아니지만, '공론장을 지지할수 있는 가능성의 공간'이라고 본다. 그 가능성은 퍼트넘의 사회적 자본과 마찬가지로 친밀권에서 만들어지는 구성원 간의 신뢰다. 사이토 준이치는 신뢰가 만들어지는 과정을 한 단계 더 나아가 '배척되지 않는다는 감정'으로 설명한다. 사적 영역인 친밀권은 다양한 담론과 감정이 만들어지는 공간인데, 여기에서 구성원들 간에 공유되는 '배척되지 않는다는 감정'으로부터 신뢰가 형성될 수 있다. 그리고 이 신뢰는 연대를 구축하며 정치적 영역으로 전개될 수 있다. 내가 타인에게 소외되지 않을 것이라는 사소하고 비정치적인 감정의 형성 여부가 공론장으로의 이행을 결정한다. 친밀권에

---

91. 사이토 준이치. 앞의 책. p. 105. (원문: Hannah Arendt, 1978)

서 형성되는 이 감정이 곧 사회적 자본인 셈이다. 이 신뢰의 감정은 내게 말할 힘을 줄 뿐만 아니라, 외부의 공격으로부터 내부 구성원을 지켜내게 한다. 친밀권에서 형성된 이러한 신뢰감은 공론장에서 새로운 문제제기나 비판과 같은 정치적 행위가 이루어질 수 있도록 한다. '배척되지 않는다는 감정'이 만들어내는 신뢰감의 영향은 사회적 자본으로부터 정치경제적 발전을 이룰 수 있다는 퍼트넘의 전개 도식을 사이토 준이치 나름의 방식으로 다시 풀어낸 것으로 볼 수 있다.[92]

이처럼 사적 영역이 공적 영역으로 확장되고 전환되는 일련의 과정을 퍼트넘은 '사회적 자본'으로, 서머빌은 '수평적 연대'로, 사이토 준이치는 '배척되지 않는다는 감정'으로 설명한다. 오늘날 한국사회의 마을공동체 정책은 이러한 맥락의 틀에서 설계되었다. '3-4인 규모의 소그룹 활동을 지원함으로써 민주적 마을공동체를 형성할 수 있다'는 정책은 '살롱적 관계에서 형성되는 신뢰를 통해 공론장으로 나아갈 수 있다'는 하버마스와 퍼트넘 이론의 합작이다.

그러나 충분히 설명되지 못한 부분이 있다. 첫째로 의제나 주체의 성격 등에서 분명한 차이를 보이는 친밀권과 공론장

---

92. 사이토 준이치. 앞의 책. pp .103-118.

을 연결하는 사회적 자본(혹은 수평적 연대나 배척되지 않는다는 감정)은 어떻게 개인과 집단에 형성될 수 있을까? 모든 사적 모임에서 신뢰 관계를 쌓을 수는 없지 않은가, 매개체는 어떻게 만들어지는가? 둘째로 사회적 자본의 형성이 모두 공공적 연대성으로 전개된다고 볼 수 있을까? 사적 모임에서 구성원 간에 신뢰적 관계를 형성했다고 해서, 모두 공적인 의제를 다루는 모임으로 확장되지는 않는다. 이 질문을 해결하지 않으면, 오늘날 마을공동체 정책의 실현 가능성에도 의심을 품을 수밖에 없다.

마을의 '자연스러운' 단계적 성장

마을공동체 사업의 일상적 활동이나 모임 참여가 어떻게 주민역량을 강화시키고 주민자치로 전개될 수 있는가. 이에 대한 설명은 새로운 주민의 등장과 성장 과정에 대한 단계적 모델로 제시된다. 『1기 마을계획』은 마을 형성의 정도를 '씨앗단계-새싹단계-희망단계'로 구분하였다. 정책 시기에 따라 표현의 차이는 있지만, 마을에서 공동의 요구가 도출되고 이후 발전하여 마을활동으로 전개되며, 활동이 확장 및 통합

〈표 4〉 서울시 마을공동체 지원사업 연도별 추진개요

연도	2012년	2013년	2014년	2015년	2016년
사업연차	1년차	2년차	3년차	4년차	5년차
성장도	토대 구축 (씨뿌리기)	배양기	성장기	확산기	자립기
사업 시행범위	실·국별 공모사업별 지원 시스템 구축 2012. 서울시 마을공동체종합지원센터 설립				
			자치구별 생태계 지원 2014. 자치구 마을생태계 지원단 (자치구별 중간지원조직) 설립		
핵심 과제	마을공동체 인식확산	마을현장 맞춤형 컨설팅 시범 지원	자치구 마을생태계 조성 기반 마련	마을생태계 강화를 위한 융합적 지원시스템 마련	마을리더의 자기 주도적 자립 역량 확산 / 상호협력적 네트워크 강화
주요 사업	센터 기본사업 운영	실·국 마을사업 지원 기능 강화	마을공동체 사전·사후 지원시스템 강화: 평가 연구사업 시작	현장성에 기반한 마을생태계 집중 조성	실행 경험 확장 +지속 가능 실행 모델 제도화 전략 강구

* 출처: 서울특별시, 2017: 23에서 재구성

됨으로써 더는 행정의 지원이 필요하지 않은 단계까지 다다를 수 있다는 기본 구상에는 변함이 없다. 서울시 마을공동체 종합지원센터도 사업이 시작된 2012년 이후 마을 현장이 배양기, 성장기, 확산기, 자립기를 거쳐온 것으로 평가한다.[93] 서울시 마을공동체 지원사업의 연도별 추진개요는 〈표 4〉와

---

93. 서울특별시. 2017. 앞의 책. p. 23.

같다.

마을공동체의 단계적 성숙에 대한 구상은 성숙의 양적인 면과 질적인 면을 모두 포함한다. 먼저 양적인 면에서, 마을공동체 사업에 참여하는 주민의 수가 늘어나면서 다른 주민 모임에 연결되어 복합 네트워크를 조직하는 것으로 계획되었다. 사업은 이를 '점-선-면'으로 확대하는 전략으로 설명한다. 주민 개개인이 점이라면, 작은 모임을 통해 관계를 맺는 것이 선으로의 연장이고, 모임과 모임이 연결됨으로써 좀 더 큰 공동체가 만들어지는 과정이 면으로의 확대이다.

마을공동체 사업이 추진되는 단계에서 질적인 성숙도 이루어진다고 본다. 사업을 통해 등장한 주민 개인의 질적 성장으로 주민의 자발성과 적극성이 향상되는 과정이다. 앞의 〈표 4〉에서 연도별 성장도는 '토대구축(씨뿌리기)-배양기-성장기-확산기-자립기'로 진행되는데, 공무원이 주민을 설득하고 정보를 제공하여 참여시키는 주민조직화의 씨앗기를 거쳐, 주민이 관과 협력하는 주민조직화의 실현 단계를 지나, 결국 주민이 힘을 가지고 사업을 주도하는 협치의 단계로 나아간다고 해석한다. 양적 조직의 확대와 주민의 질적 성장 및 사회참여 성숙과 더불어 사업 의제는 자연스럽게 확대되는데, 이 과정에서 더 넓은 네트워크 조직이 "삶의 다

양한 요구를 총체적으로 해결"해나가는 것으로 설명된다.[94]

그러나 인터뷰 참여자들은 마을공동체 사업에 참여한다고 해서 과연 주민이 성장하는지는 의문이라고 말한다. 보조금 지원 여부와 관계없이 공공적 성격의 사업을 지속하려는 모임도 있지만, 다수의 마을공동체 모임은 사업을 거치며 더 큰 공동체로서의 연대의식을 갖는 단계까지 나아가지 못한다. 현장에서는 "우리끼리도 (마을공동체 사업) 잘하고 있는데 군이 동 단위의 마을계획 안에서, 그렇게 (확장)할 필요가 있나"라거나, 여전히 "다도모임, 책모임에 그치며 책 한 권 사는 값을 아끼고 고급 차를 마시기 위해서 이 예산이 필요"하다고 말한다. 사업의 규모는 커지지만 주민이 자연스럽게 성장한다고 보기 어렵다. 마을공동체 공모사업은 각 단계에 따라(모임의 사업 참여 연차에 따라) 지원금 규모에 차등을 둔다. 그러나 공동체의 의미는 찾지 못하고, "(마을공동체 공모사업을) 한번 해봤으니까 다음에는 이백만 원, 그다음에는 삼백만 원 받아서 … 금액만 커"지게 된다는 지적의 목소리가 나온다. 새싹기의 사업들이 안정적으로 뿌리를 내리고 자연스럽게 확장해나갈 것으로 기대할 수만은 없다.

마을공동체 사업에 참여한 경험을 통해 의제를 확장하기

---

94. 서울특별시. 2012. 앞의 책. pp.107-110

란 쉬운 일이 아니다. 자기 이익과 필요를 충족하기 위해 마을공동체 사업을 시작하는 경우, 사업만으로 그치는 경우가 더 많다고 본다. 한 인터뷰 참여자는 찾아가는동사무소 마을계획을 위해 마을 주민 모임을 찾아갔던 경험을 떠올리며 개별 사업에 관한 관심이 마을이나 동 단위의 공적 의제로 자연스럽게 이어지지 못한다고 지적한다.

> (마을공동체 사업 참여자에 대한) 기대를 갖고 찾아갔어요. (…) '우리한테 주는 게 뭔데' 이렇게 딱 말하더라고요. 젊은 엄마들이. '우리는 그냥 아이들 먹거리 이런 거 하고 좋은데 굳이 그런 게 왜 필요하냐.' 동에 뭐 안전한 통학로 만들기 위해서(라고 설명하면,) '우리 애들은 그쪽으로 학교 안 가요.' 그렇게 말해요.

인터뷰 참여자의 언급은 비단 한 지역의 사례가 아니다. 서울시 마을공동체 사업 과정에 참여했던 한 연구자는 마을공동체 사업의 결과가 사적 모임에서 더 나가지 못하는 한계가 2014년 찾아가는동사무소 마을계획 시범사업을 통해 여실히 드러났다고 본다. 시범사업을 시작할 때, 마을공동체 사업 경험자가 많이 참여할 것으로 기대했지만 예상은 빗나갔다. 개별 커뮤니티 과제 참여자가 마을이나 동 단위의 공

적 의제에는 소극적인 모습을 보인 것이다. 결국 현장에서
는, "이게 실은 되는지 모르겠다"는 의심이 싹트기도 하고,
마을사업에서 마을자치로 넘어가는 "한두 개(의 마을공동체
공모사업)에 희망을 걸기에는 너무 많은 예산이 투여된다"
는 비판도 있다. 사업이 단계를 밟아 마을자치에 다다르기
때문에, 마을공동체 사업과 주민자치는 본질적으로 다르다
는 의견도 나온다.

마을사업을 공모하는 거는, 사업을 공모하는 거예요. 필요에
의해서. 그리고 뜻이 맞는 사람끼리 3인이나 5인이 되면 지원하
는 거예요. 그럼 당연히 이해가 있어야 되요. 이해관계가. 그 사
업을 통해서 내가 뭔가 하나라도 가져갈 수 있는 사람들이 해요.
(…) 동 단위 사업은 마을이라는 한정적인, 필요에 의해서 모인
게 아니고 마을의 공동의 문제를 같이 가져가야 하는 거예요. 3
인이 아니라 100명. 총회를 해도 100명. 총회를 해도 우리들이
낸 의제를 전 주민들한테 다 물어보잖아요. 그런 총회를 하기 때
문에 이해관계가 좀 떨어지지요.

주민자치가 지역 의제의 방향을 찾아가는 기획 및 논의과
정이라면, 마을공동체 사업은 실제 현장에서 참여하며 만들

〈표 5〉 마을공동체 사업과 찾동 마을계획의 차이

구분	마을공동체 사업	찾동 마을계획 등 주민자치
역할	(기획과) 실행	기획
이해관계	직접적 이해관계	간접적 이해관계
강제성	참여에 대한 강제	참여에 대한 자율
지역성	타 지역민과의 협업 가능	해당 지역에 한정

어나가는 실행에 더 무게가 실린다. 마을공동체 사업의 참여자는 의제 및 구성원들과 직접적인 이해관계를 갖지만, 마을계획에서 논의되는 공적 의제는 개인에게 간접적인 영향을 미친다. 보조금으로 묶인 사업과정에 대표제안자 등은 참여가 필수지만, 주민자치는 참여가 자율적이다. 반면, 지역 거주자에 한정되는 주민자치와 달리, 마을공동체 사업은 타 지역민과의 협업이 가능하다.

현장에서는 마을공동체 참여가 주민자치활동으로 자연스럽게 연결되지 않는 이유를 마을공동체 사업과 주민자치가 본질적으로 다르며, 다른 기대를 가지고 주민이 진입하기 때문이라고 설명한다. "시민성을 가진 사람"은 마을의 자치에 관심을 갖고 참여하지만, "자기 관심사에 갇힌 사람"은 공동체사업에 머무르게 된다는 것이다.

(마을공동체 사업 참여자가) '내가 왜 거기(짱동 마을계획)를 가야 하는지 잘 모르겠다'(고 말해요). 그거는 또 다르게 이야기하면 마을공동체에 대한 서울시민 개개인의 기대가 꼭 같지는 않은 거예요. (…) (서울시에서 마을공동체 사업 관련된 일을 하시는 분은) 그렇게 구분을 하시는데, 본인은 이 정책을 하고 있기는 하지만 본인의 동네에서 옆집에 있는 엄마, 아빠들하고 밤에 모여서 맥주 한 잔 하라고 하거나 뭐 이렇게 소소한 모임까지는 하겠는데 마을계획단(에) 가라고 하면 자기는 못 갈 것 같대요. 바쁘기도 하고, 그리고 너 나아가서 주민자치회의 위원이 되는 건 훨씬 너 내표성을 가지고 활동을 하는 거고, 어떤 사람들은 그걸 통해서 구의원, 지역 정치까지 진출하는 것을 생각을 하는데, '이 기대는 완전 다르다'는 거예요. '근데 이걸 한 사람이 단계적으로 이렇게 올라갈 거라고 생각하는 건 이상한 거 아니야'라는 말씀도 하시거든요. 그렇게 보면 시민성과 자기 관심사 내지는 좁은 의제에 갇혀 있는 사람은 조금 다르게 볼 수 있다는 거지요.

그러나 이처럼 개개인의 특성이나 성격에 따라 마을공동체 사업 또는 주민자치에 참여하게 된다는 식의 논리는, 마을공동체 사업을 통해 민주적 주민을 성장시킨다는 '단계적

확상'과 '주제의 성상' 설계를 전복시킨다. 개인이 가진 본질적 한계라면, '주민 개개인을 어떻게 성장시키고 공동체로 엮어낼 것인가' 하는 정책 논의는 불필요해질 수 있기 때문이다. 결국 '더 공적인 일에 관심을 많이 가지고 있기 때문에, 더 정의롭기 때문에, 혹은 공익 가치를 우선시하기 때문에'라는 식으로 개인이 가진 특성에 따른 결과로 해석할 것이 아니라, 정책 전략의 전제 자체나 그 실현 가능성을 의심해야 한다.

미국 켄틀랜즈Kentlands 사례에서도 한국 마을공동체 정책 설계와 마찬가지 결과를 찾아볼 수 있다. 켄틀랜즈 뉴어버니즘new urbanism 정책은 도시계획 같은 "물리적 설계를 통해 공동체의식을 구현"하고자 했다. 그 결과 이 지역은 실제로 매우 높은 공동체의식이 형성됨으로써 정책의 1차적 목표를 달성했다. 그러나 주민자치에 대한 관심은 미국의 평균적인 수준에 불과했고 목적의식이 불분명한 "사교모임 수준의 회합"을 벗어나지 못했다.[95] 도시사회에서 공동체를 활성화시키면 곧 정치적 공동체로 전개될 것이라는 정책기획, 마을공동체 사업을 통해 친밀권을 성장시키면 이 사적 결사체들의

---

95. 정성훈. 2016. "공동체주의 공동체의 한계와 현대적 조건에서 현실적인 공동체." 『도시인문학연구』. 8(2): 133-154. ; 김흥순. 2006. "뉴어버니즘의 실제: 미국 켄틀랜즈의 사례." 『국토연구』. 51: 109-130.

네트워크가 좀더 큰 규모의 공동체로 확장될 것이라는 믿음이 배반당한 것이다.

마을에서의 힘의 관계, '누가 공론장 문을 닫나요'

마을공동체 사업으로 공론장이 만들어지기 어려운 근본적 이유는 지금까지 살펴본 바와 같이 정책설계상 문제 때문이다. 그리고 한편으로는 정책이 펼쳐지는 현장의 문제도 있다. 바로 마을을 움직이는 힘이 관계 때문에, '누구에게나 열린 공동체'가 만들어지기 어렵다. 마을활동을 오래 하신 분들과 이야기를 나누면 다들 '사람 때문에' 활동을 계속하고, '사람 때문에' 활동을 그만두고도 싶다고들 한다. 마을에서 사람이 힘들다는 말은 '갈등과 분파'를 두고 하는 말일 때가 많다.

새로운 주민을 발굴하며 사업을 활성화하기 위한 전략 중 하나가 마을활동가 양성이다. '마을활동가'란 마을활동을 발굴하고 필요한 공공지원을 신청하거나 네트워크 연계확산을 지원하는 역할을 하는 사람들이다. 『1기 기본계획』은 2017년까지 3,180명의 마을활동가를 양성한다는 수량적 목표도 세웠다. 그러나 새로운 주민 주체가 이 모든 역할을 김당할 수는 없으니, 기존의 인적 자원을 활용할 필요가 있다고 보고, 서울시는 사업 이전에 공동체 활동을 전개해온 두 축의 참여를 열어두었다. 먼저는 지역 차원에서 마을활동을 해왔던 단체들이다. 대부분 비영리민간단체, 풀뿌리 시민단체 등으로 서울시에서 마을공동체 사업을 시작한 2012년 기준으로 400여 개 정도로 파악되었다. 다른 축은 주민자치회로 424개 행정동별로 구성된 지역주민대표이다.[96] 여기에 마을공동체 사업이 진행되며 새롭게 등장한 주민을 포함하면, 마을 내 인적 자원은 크게 1)지역 시민단체 2)주민자치위원회 3)신규 주민으로 나눌 수 있다.

서울시에서 마을공동체 사업을 시작할 때 예상한 구도는 이른바 '선수와 유지의 갈등'이었다. 현장에서는 마을공동체 사업의 활동가를 '선수'로, 주민자치위원 및 관변단체 등 기존 지역유지를 '유지'로 통칭한다. 그러니까 새롭게 등장하는 주민 주체와 이들을 돕는 지역의 풀뿌리 시민단체가 한편에 있고, 반대편에는 기존 주민자치위원회와 지역 직능단체를 비롯한 지역유지가 이들을 경계하며 갈등이 일어날 것으로 예상했다.

---

96. 서울특별시. 2012. 앞의 책. p. 26.

그러나 마을공동체 사업 초기에 주민자치위원회, 새마을 지도자회, 새마을부녀회, 자유총연맹, 바르게살기운동 등 기존 직능단체는 사실상 크게 관여하지 않았다. 그 이유에 대해 현장을 오랫동안 지켜본 연구자는 첫째로 주민자치위원은 "공무원이나 간사들의 서포트"를 받는데 "스스로 제안서를 쓰고 활동계획을 짜고 정산도 해야 하는" 마을공동체 사업과 안 맞기도 하고, 둘째로 주민자치위원회 지원사업이나 자치회관 운영평가, 자치구 특화사업 등 "굳이 마을공동체 사업이 아니어도 행정으로부터 지원받아서 할 수 있는 사업이 존재"하기 때문으로 분석한다. 따라서 주민자치위원을 비롯한 지역유지들이 마을공동체 사업 내에서 한 축을 이루는 세력을 형성하였다기보다는 주민자치 등의 활동 경험을 토대로 일부가 개별적으로 마을공동체 사업에 진입한 것으로 해석하는 편이 더 적절하다.

　주민자치위원이 마을공동체 사업과 본격적으로 만나게 된 것은 2014년 '찾아가는동사무소(찾동) 마을계획 시범사업'부터다. 주민 3~4인으로는 해결할 수 없는 마을의 문제에 대해서 여러 주민과 모임들이 함께 모여 의논하고 방안을 모색한다는 마을계획의 목표가 주민자치회 활동과 맞물리면서 경쟁 관계가 형성되었다. 그 관계는 "'주민자치위원회가 이제 난 이런 서(마을계획 시범사업단) 인정 못 해' 이러면 동장님이 와서 달래기도 하고, 아니면 (찾동 마을계획에) 주민자치위원들 자리를 인정해드려서 큰 문제없이 가게끔 한다거나" 하면서 이어져왔다.

뜻밖에도 더 첨예한 갈등은 지역의 시민단체를 중심으로 불거졌다. 사업 초기에 주요한 인적 자원은 지역의 시민단체였다. 마을공동체 만들기가 사업이 되면서 자연스럽게 지자체에 공동체 만들기를 지원하기 위한 일자리도 생겨났다. 그런데 지역의 시민단체들이 "사업에서 (마을공동체 일자리로) 자리가 나오면, 이 정도 일자리는 뭔가 (우리가) 받아야 하는 거 아니야"라는 식의 태도를 보이기도 했고, 시민단체들끼리 자리싸움을 벌이는 일도 빈번했다.

권력을 선점하기 위해 분파를 형성하고 이권을 위한 알력다툼이 벌어지기도 했다. 마을공동체네트워크(마을넷)가 자치구 단위로 만들어졌는데, 도저히 네트워크가 합쳐지지 않아 몇 개 자치구는 마을넷이 여럿이 되고 말았다. 시민단체 간의 갈등이 표면화되는 것은 마을공동체 사업의 중간지원조직 자리를 두고서다. "기존 NGO단체"와 "공동체를 하겠다고 나선 젊은 사람들 모임"의 세력 갈등에서 행정이 결단을 내리지 못하면 중간지원조직이 여러 단체가 함께 운영하는 민간 네트워크형이 되는 경우도 있다. 시민단체 간에 협의가 어떠한 식으로도 이뤄지지 않고 잡음이 날 것 같으면 아예 자치구에서 주도하는 직영센터형으로 운영되거나, 민간네트워크 형태로 가면서 외부(자치구 밖)에서 제3의 인물을 단장으로 데려오는 선택을 하기도 했다.

마을, 그들만의 리그

마을 현장에는 눈에 보이지 않지만 분명히 장벽이 존재한다고 한다. 그리고 그 장벽을 만들고 주도하는 세력으로 인터뷰 참여자들은 시민단체를 꼽았다. 마을공동체 사업에서 주민이 등장하고 성장하는 데 협력하고 지원을 아끼지 않으리라고 기대되었던 시민단체가 오히려 세력을 공고히 하기 위해 새로운 시민 주체의 진입을 막고 폐쇄적 공간을 고수한다고 말한다.

마을주민들이 보기에는 "솔직히 네트워크 뭐 중요하지도 않"은데, "열(명)도 안 되는 사람이 그렇게 동네를 시끄럽게 하"면서 "누구 라인"인가를 확인한다. 시민단체 네트워크 간의 갈등이 개별 주민으로 하여금 어느 한 라인을 선택하게끔 만든다. 그리다보니 시민딘체의 " '자기 라인 끌어들이기' 안에서 버텨내기"란 쉽지 않다. 현장에서는 "기존 계신 분들이 칸막이를 치시기" 때문에 주민의 참여와 성장이 힘들어지고, 여기에는 "보이지 않는 손"인 시민단체의 힘이 작용한다고 증언한다.

보이지 않는 장벽은 시민단체와 같은 기존 세력에 의해 만들어지지만 이를 견고하게 하는 것은 행정의 뒷받침이다. 행정 안전주의는 문제와 갈등이 생기지 않도록 이미 경험이 있는 단체와 조직 혹은 인물과의 파트너십을 우선순위에 둘 수 있다. 또한 행정의 주요 인물과의 친분으로 자리가 유지되거나 박탈되기도 한다. 실제 한 자치구에서는 구청장과의 친분으로 중간조직 단장을 맡은 인사가 지역단체의 이의제기로 자리에서 물러나기도 했다. 마을공동체 사업이 시작된 2012년도에는 "선정할 사람을 미리 짠" 경우가 많았다는 의견도 있다. 보조금 사업의 "선정자 명단을 보면, 이미 시민단체랑 친했던, 다 자기 멤버"였기 때문이다. 그러나 시민단체 또는 시민단체 베이스가 있는 곳들로 사업선정자가 내정되었던 때는 사업 초기만이 아니다. 마을공동체 사업에서 시민단체가 신규 주민을 배제하고, 적절한 위치까지만 허용할 수 있었던 것은 "경험에서의 우위" 넉분이다. 이는 신규 주민으로

하여금 "새로운 사람이 나오기 힘든" 진입장벽을 경험하게 한다.

청년들이 이제 모여서 마을사업을 새로 신청을 한 거예요. 획기적인 방법을 제안한 거여서 점수를 많이 받았는데, 이게 기존 시민단체들이 반발하고 민원 넣고 그런 거예요. 이게 사업금액이 좀 컸거든요. 그리고 기존 단체가 하던 사업에 (신규 단체가) 선정돼서 (기존 단체 사업을) 못하게 되니깐 난리였죠. 어떻게 그렇게 경험이 없는 애들한테 줄 수 있냐고. 그래서 결국 번복했잖아요. 발표들. 누구 새로운 사람이 나오기가 힘들어요.

마을 권력을 획득한 시민단체가 권력을 유지할 수 있는 배경에는 행정 지원 외에도 시민단체 간의 연대가 있다. 지역사회의 시민단체 네트워크는 내부적으로 여러 분파로 나뉘어 견제와 갈등이 일어나지만, 외부의 신규 주민을 배제해야 할 때는 연대한다. 기존 시민단체 구성원의 경험과 활동의 역사는 시민단체 간에 연대성을 형성할 수 있는 바탕이 되고, 새로운 시민이 침범할 수 없는 장벽을 형성한다. "최루탄을 마시고" 운동을 함께했던 민주화의 동지들은 "서로 그런 걸 (비리를) 알면서 감싸주는" 동지가 되기도 한다. 이들은 민주사회 실현을 위해 독점 권력을 해체하는 데 힘을 보았던 '과거의 동지들'이면서, 운동의 역사를 공유하는 이들 사이의 "묘한 끈"으로 연대를 형성하고 스스로 권력이 되는 '현재의 동지들'이라는 점에서 이중적 아이러니에 빠져 있다. '민주화 동지들'의 운동의 맥락은 오늘날 하나로 수렴될 수 없고, 때로 반목 관계에 놓이기도 한다. 그러나 사회 어젠다에 연대하는 것보다, 이익과 힘의 기반을 견고히 하는 데 좀 더 쉽게 연대한다. 중요한 것은 이들 시민단체의 연대성이 마을 권력의 획득과 영속화를 통해, 새로운 세력으로서 개별 주민주체의 등장을 가로막는다는 점이다.

사회운동이 정치적이거나 계급적인 영역이 아니라 일상 삶의 문제를 다룰 때 계급을 넘어 다양한 사람들이 함께 참여할 수 있다. 때문에 오페는 마을공동체 운동과 같은 새로운 사회운동은 탈계급적 연대를 가능하게 한다고 보았다. 〈그림 6〉의 a 모델에서 확인되듯, 이 연대는 첫째로 전통적인 보수세력과 새롭게 등장한 사회운동 세력과의 동맹, 둘째로 새롭게 등장하는 사회운동 세력을 배제하는 기존의 진보와 보수 간의 동맹, 마지막으로 새로운 사회운동 세력과 사회주의적-사민주의 전통 좌파 간의 동맹이다. 오페가 눈

〈그림 7〉 이론과 현장의 연대모델 차이

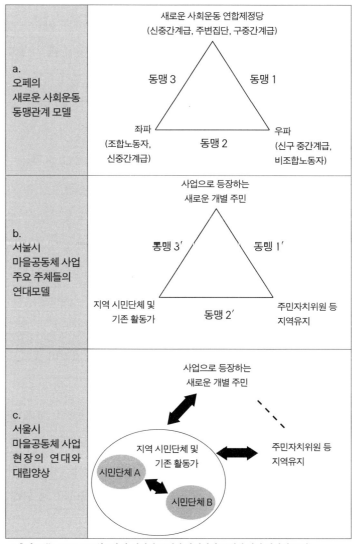

* a 출처: Offe, 1993: 119 (〔그림 1〕 정치적 동맹과 잠재적인 동맹에 관한 삼각형 모델)

여겨보았넌 동맹은 이 마지막 동맹 3, '기존 사민세력과 새로운 사회운동의 동맹'이었다. 마찬가지로 서울시 마을공동체 정책도 기존 지역유지보다 '시민단체의 지원'에 기대를 걸고 있었다. b 모델의 동맹 3'에서 말하는 '지역 시민단체 및 기존 활동가'가 '사업으로 등장하는 새로운 개별주민'을 지원함으로써 이루어지는 동맹관계가 마을공동체 활성화와 주민성장에 기여할 것이라고 본 것이다. 그러나 현장에서 새로운 운동주체와 좌파, 우파 간 협력동맹, 그리고 기존 지역유지 및 시민단체 리더십의 지원 속에서 개별 주민이 성장하리라는 연대 모델은 실현되지 않고 있다. c 모델에서 확인되듯, 새로운 시민주체의 등장에 지역유지의 견제보다 시민단체가 이들을 배제시키려는 힘이 더 강력하게 작용했기 때문이다. 결국 개별 주민의 성장과 더불어 결사체 간 네트워크를 통해 더 큰 공동체를 형성하려는 정책전략이 효과를 발휘할 수 없었던 것이다.

인터뷰 참여자들은 시민사회의 의견을 수렴해야 하는 이슈가 있을 때 대표성을 갖는 이들은 마을권력을 획득한 시민단체라고 입을 모았다. 결국 "리더십을 획득하거나 쟁취하기에 유리한 시민단체 대표들이 다 이야기해버리"게 된다. 그러나 네트워크 안의 사람보다 그 외부에 더 많은 주민이 존재한다.

　　오죽하면 빅마우스라고 하겠어요. 그 사람들(시민단체들)이 많
이 도와줘야 하는데, 가만히 있는 것만으로도 도와주는 건데 그
게 어려워요. 그 사람들(시민단체 활동가들)이 공동체의식을 가져
야 해. 이 사람들(개별 주민)보다. 이 사람들은 약해요. 아직 뿌리
도 내리지 않았는데 정말.

　　시민을 배제한 시민단체가 시민을 대변한다. 마을의 "빅
마우스"가 된 시민단체는 권력을 독점하기 위해 '자기 사람
앉히기'에 혈안이 되기도 한다. 마을공동체 사업 일자리는
대체로 마을 권력에 의해서 결정된다. 개별 주민을 배제하
고, 시민단체 간의 알력 다툼이 나타나는 대목이다. 중간지
원조직에 자리가 나면 지역의 시민단체 네트워크별로 추천
이 이루어진다. 경력 요건이 충족되지 않은 사람이 시민단체
추천으로 '어공'(어쩌다 공무원) 자리를 꿰차는 일도 있다. 시민
단체가 장악하는 마을 권력은 정책의 일자리와 위탁운영 제
도를 통해 견고해지고 지속성을 갖게 되면서 권력의 유지를
위해 새로운 주민의 진입을 막는다. 마을현장은 "아직까지
는 그들만의 리그"다.

말할 수 없는 공론장

공동체가 다음 단계로 확장되기 위해 서머빌은 '수평적 연대'를 강조했다. 작은 규모의 사적 모임이 공적 의제를 다루는 규모가 되기 위해서는 누구나 동등하게 말할 수 있어야 한다. 의제는 내가 경험한 일상적인 문제와 필요를 이야기할 때, 누군가가 '나도 그렇다'며 공감하고 의견을 덧붙이는 과정에서 만들어진다. 혹 공동체 내에서 의견이 다르더라도 사이토 준이치의 말처럼 '배척되지 않는다는 감정'이 있다면, 얼마든지 토론하며 방향을 찾아나갈 수 있다.

마을공동체 사업 현장의 가장 큰 문제는 어쩌면 '문제가 있어도 함구해야 한다'는 공론장의 부재일 것이다. 현장에서 갈등이나 분파, 인사 비리나 착복이 있어도 사업 조직에서는 "혹시 피해가 생길까봐" 함구하게 되고, 비리에 대한 문제를 내부에서 지적하면 "똑같이 나눠 먹으면 되는데, 너는 왜 자꾸 긁어"라는 식의 반응과 밀어내기를 경험한다고 한다. "다 이런 일이 있지만" 말할 수 없는 것은 다수가 "바늘 도둑"이기 때문이고, "큰 길을 가기 위해서 작은 가랑비"는 넘겨야 한다는 마을공동체의 내부 여론 때문이다. 유연성을 갖고 "마을이니까, 마을은 나 이해해줘"야 한다는 의식으로 난결하게 되고, 이 내부단결이 만든 폐쇄성이 외부에서의 인력유입이나 내부문제에 대한 이의제기를 더더욱 경계하도록 작용한다.

마을공동체 1기 사업을 민간 영역에서 검토해보자는 취지의 모임 내용이 2018년 2월부터 연속 뉴스기사로 공개된 적이 있었다.[97] 마을의 현장활동가들이 사업에 다소 비판적인 관점으로 논의한 내용기 게시되자, 모임참여자 중 한 명은 "왜 내부총질을 하느냐고, … (서울시장) 선거도 앞두고 있고 지금이 얼마나 중요한 시기인데 힘을 모으지는 못할망정 흐트러트린다"는 비난을 받았다고 한다. 마을공동체 사업에 대한 평가와 비판은 줄곧 있었지만, 변화가 없었던 이유는 이와 같은 '내부 단속'에 있었다.

97. 주수원. 2018a. "마을공동체, 서울의 현장은 강화되고 있을까" 마을공동체 사업 최전선에 있는 활동가들의 생각은?" 오마이뉴스. 2018. 02 .27. (http://www.ohmynews.com/NWS_Web/View/at_pg.aspx?CNTN_CD=A0002408915) ; 2018b. "박원순표 마을공동체사업, 6년을 뒤돌아보다" 오마이뉴스. 2018. 03. 08. (http://www.ohmynews.com/NWS_Web/View/at_pg.aspx?CNTN_CD=A0002411847) ; 2018c. "2기를 시작하는 서울 마을공동체, 1기 평가는 제대로 되었나" 오마이뉴스. 2018. 03. 20. (http://www.ohmynews.com/NWS_Web/View/at_pg.aspx?CNTN_CD=A0002415812) ; 2018d. "마을공동체, 이제 함께 얘기해야 할 때: 서울 마을공동체사업 2기 기본계획 평가" 오마이뉴스. 2018. 04. 13. (http://www.ohmynews.com/NWS_Web/View/at_pg.aspx?CNTN_CD=A0002424240&CMPT_CD=SEARCH) ; 2018e. "마을에 대한 솔직한 이야기... '우리는 공론장을 원한다': 4월 27일 '마을공동체 서울의 현장은 강화되고 있는가' 토론회" 오마이뉴스. 2018. 05. 12. (http://www.ohmynews.com/NWS_Web/view/at_pg.aspx?CNTN_CD=A0002433355)

'진실을 힘구해야 공동체에서 배제되지 않는다'는 깅입적 폐쇄성은 공동체 참여자 스스로 자가당착에 빠졌음을 보여준다. 정책은 '민주적 공론장으로서의 공동체 모델(공론장=공동체 모델)'을 설계하였으므로, 공론장 형성의 실패는 곧 공동체 형성의 실패이다. 정책의 결과로 나타난 것이 공동체가 아니라 이익과 친교 수준의 결사체에 불과함을 참여자 스스로 입증한 셈이다. 사업지원의 초점과 과정이 친밀권을 형성하는 데 그침으로써, 자연스러운 범위 확장이 이루어지지 못했으며, 자유로운 토론이 이루어지는 공론장을 형성하지도 못했다. 하버마스가 언급한 변종적 공론장이다. '인민적 공론장'처럼 이성적이고 합리적인 개인이 등장할 수 없는 구조이고, '규율적 공론장'처럼 참여자들 간의 실제적 토론이 이루어지지 못하고 권력에 의해 조작될 위험이 있다. 자기 이익에 함몰된 결사체는 공적 의제를 논의할 수 없다. 소수가 마을 권력을 독점하고 집중시키는 수직적·중앙집권적·폐쇄적 조직에서는 진입도 어렵지만, 진입하더라도 구성원의 민주적 성장을 기대하기도 어렵다.

　마을 현장에서의 힘의 관계는 이처럼 닫힌, 허울뿐인 공론장을 만든다. 마을에서 주도권을 가진 시민단체는 사업의 자리를 확보하고, 사업을 통해 새롭게 성장하는 주민 주체를 배제하는 형태로 마을공동체 사업 현장을 만들었다. 이렇게 한번 만들어진 구조는 굳어져서 새롭게 누군가가 진입하거나 바꾸기가 어려워진다. 시민단체는 사업 경험에서 우위에 있다. 행정도 기왕 협치해야 한다면, 파트너십을 맺어 일해 본 적이 있는 시민단체가 편하다. 지역에 힘이 있는 시민단체와 굳이 척져야 할 이유도 없다. 때문에 마을공동체 사업에 주도적 역할을 담당하는 세력이 한번 만들어지면, 다양한 주민이 새롭게 등장하기 어려워진다. 결국 마을에서 여론을 형성하고 결정하는 주도적 역할은 일부 엘리트로 정해진다. 공론장은 제대로 형성되지 않았지만, 허울뿐인 공론장에서 결정이 이루어질 수 있는 구조는 마련한 셈이다.

마을공동체 사업의 목적은 단순히 주민의 욕구와 필요를 채우는 것이 아니었다. 주민자치를 위한 연습이 되어 결과적으로 주민자치 역량을 향상시킨다는 구상에서 출발했다. 그러나 마을에서 일부 세력이 주도하며 새로운 주민의 성장을 방해함으로써, 형식적 공론장이 만들어졌다. 새롭고 다양한 주민이 자리해야 할 공론장에 껍데기만 남게 되면, 그 자리는 공적인 문제를 "비공공적으로 논의하는 소수의 전문가"와 수동적으로 "수용하는" 소비자 대중으로 대체된다. 하버마스는 이 문제를 '공론장의 재봉건화'라고 했다.[98] 그는 공적 의제를 이성적으로 사유하고 토론할 수 있는 주체가 없을 때, 그 자리는 형식적 공론장에 불과하다고 보았다. 마을공동체 사업에서 펼쳐진 형식적 공론장도 개별 시민이 함께 참여하는 민주적 공동체를 표방하지만 다수의 시민을 대중으로 돌리고 있다. 그리고 이러한 형식적 공론장은 일종의 정치마케팅political marketing이 된다. 마을현장에서는 마을공동체 사업이 정당행사로 둔갑하는 경우도 있다.

지역의 좋은 일을 한다고 하면 구경 갈 수도 있고 그런데. 마을이라는 이름을, 가면을, 탈을 뒤집어쓰고 와서, '우리 ○○구의 순진한 청년 누구예요. 청소노동자인데 너무 힘들어한대요. 우리 떡국 좀 같이 돌리는데 도와주세요.' 그러면 사람들이 좋은 마음으로 갔는데, A당 행사였던 거야. A당 홈페이지에 그 사람 얼굴 대문짝만하게 이제 떡국 나눠주는 것으로 (나오는 거지요).

마을공동체 사업이 이루어지는 현장은 정치인이 "꼭 들러서 인사해야 하는 기회"로 인식되기도 하고, 사업 이해관계자가 참여하는 "시장님의 선거활동을 돕는 조직"도 있었다.

---

98. 위르겐 하버마스, 앞의 책, p. 285.

마을공동체 사업에서 펼쳐놓은 형식적 공론장은 "특정한 경제적 목적 아래 연출되고 관리되는 상품으로서 토론일 뿐이기 때문"이다.[99]

구조적으로 배제되고 방관하게 되는 다수의 주민들을 대신해 마을의 헤게모니를 장악한 몇몇의 형식적 공론장이 아니라, 민주적 공론장을 만들기 위해서는 어떻게 해야 할까? 마을공동체 정책에서 찾은 답은, 공론장에 성찰적 능력을 지닌 개인들을 모을 수 있도록 우선 주민을 교육해야 한다는 것이다.

---

99. 같은 책. p.272

5장

공동체 만들기에서
시민 만들기는 가능할까?

| 우리가 '동원참치'야?! |

자치구마다 매년 주민 대상의 마을공동체 교육을 연다. 새로운 참여자를 발굴하기 위한 기초 교육부터 기존 공모사업 참여자들의 역량을 강화하고 네트워크를 만들기 위한 심화 교육까지 참여대상별, 단계별 다양한 교육 과정이 운영된다. 시간을 내기 어려운 주민을 위해 직장이나 모임 현장으로 마을활동가가 직접 가서 교육하는 '찾아가는 마을교육'도 있다.

이 과정에서 마을공동체의 의미를 곱씹는 인문학 강좌부터 사업계획서를 어떻게 쓰는지, 회계 정산을 어떻게 해야 하는지 등의 행정 교육이 이뤄진다. 자치구의 상황이나 시기에 따라 교육 내용은 다양하다. 서류 작성에 어려움을 겪는 현장을 지원할 목적으로 어느 구에서는 컴퓨터 한글 프로그램을 가르치기도 했다. 또 마을 의제를 논의할 창구로 주민자치회나 협치사업에 공론장이 만들어졌는데, "목소리만 높일 줄 알지 제대로 회의가 안 되니", 회의진행법이나 갈등관리, 또는 대화법 등이 교육 프로그램으로 운영되기도 했다. 공론장이 열릴 때 소그룹 진행자 역할을 할 퍼실리테이터(facilitator, 조력자)를 양성하기 위한 교육도 유행처럼 있었다.

마을공동체 사업만이 아니라 마을의 의제 발굴 및 실행과 관련된 주민자치나 협치사업, 마을기업이나 협동조합 등과 관련해서 사회적경제, 그리고 혁신교육지구와 도시재생 등의 분야에서도 유사한 교육들이 열렸다. 여기에 자치구의 민주시민교육이나 평생교육의 관련 강좌까지 합하면 주민을 성장시키려는 교육은 차고 넘친다.

비슷비슷한 교육이 열리는 것도 문제지만, 교육 참여자가 중복되는 것도 문제다. '전에 들었던 분이 와서 또 듣는 식'이기 때문에 현장에서 일하는 공무원 중에는 '몇 사람을 위한 교육을 하는 것 같아서 일할수록 보람이 없다'는 탄식을 내뱉는 이들도 있다. 행정 공무원들이 마을공동체 같은 대민사업 담당을 꺼리는 이유 중 하나도, 민간 참여자 조직이 쉽지 않기 때문이다.

민간으로서도 한숨이 나온다. "우리끼리 '우리가 무슨 동원참치야'라고 해요." 주무관에게 '이 사업 교육은 꼭 들으셔야 한다, 여기 회의 오셔야 한다'는 연락을 받으면 안 나갈 수도 없다고 한다. 정책이 현장으로 내려오는데 참여자가 되어야 할 주민은 보이지 않으니, 행정은 몇몇 주민을 '동원'할 수밖에 없는 악순환에 빠진다. 물론 문제를 개선하기 위한 노력이 없는 건 이니디. 자치구 내에서 사업별로 산발적으로 진행뇌는 교육들을 정비하고 체계화하며 새로운 참여자를 발굴하기 위해 힘을 기울이는 실정이지만, 펼쳐지는 교육에 비해 참여자 수는 여전히 부족하다.

시민사회에 시민이 없다

왜 우리는 마을의 일에 짬을 낼 수 없을까? 이유는 앞 장에서 언급했듯이 노동구조와 문화의 문제에 있다. 많은 사람이 일과 중에는 직장에 매여 있고 마을에서는 하숙하듯 지내기 때문이다. 그리고 시민사회의 건강한 성장이 어려웠던 우리 사회의 역사적 흐름 속에서도 또 하나의 답을 찾을 수 있다.

국가, 국민, 시민 등의 개념이 보급되고 현실화되던 시기, 우리는 식민통치와 독재체제를 경험했다. 개인에게 주어진 자유와 선택은 정부가 추구하는 목표와 통치가 허락하는 일정한 범위 안으로 제한되었다.[100] '우리는 한민족 공동체'라는 기치 아래, 인내와 희생이 강요되었다. 단일민족국가임을 강조하는 전략은 개인을 시민이며 국민, 그리고 민족으로 엮어내는 데 성공적이었다. 이러한 시도는 대한민국 구성원들

---

100. 김영미. 2009.『그들의 새마을운동』. 푸른역사. p. 28.

이 강한 공동체적 성향을 지니는 것에 주요했던 것으로 평가된다.[101]

공동체가 하나의 이데올로기로 활용된 것은 한국만의 특수한 상황은 아니다. 사이토 준이치는 일본 사회에서 공공성은 "국가의 행정활동을 정당화하려는 주문"으로서 국가 이데올로기에 불과했다고 본다. 공공성이라는 미명 아래 국가의 건설사업을 정당화했고, 생명이나 생활의 파괴에 항의하는 주장을 기각시켜왔다.[102] 이처럼 공동체는 개인의 자유를 제한하고 권력을 중앙집중화하는 데 활용되었다.

진보 진영도 마찬가지다. 한국사회에서 공동체는 지배체제의 이데올로기로 작용하면서, 다른 한편으로는 주류 체제에 반발하는 일종의 저항 이데올로기로도 소비되었다. 보수와 진보를 막론하고, 공동체는 막연히 '좋은 것(행복/good)', 그리고 '옳은 것(정의/right)'으로 해석되며 불가침의 영역에 올라섰다. 때문에 한국사회는 서구와 다른 역사적 경험을 겪었다. 서구의 공동체주의는 자유주의가 팽창함에 따라 이에 대한 비판으로 등장했지만 한국사회에서 자유주의는 제대로 성장하지도 못한 채 자본주의와 적극적으로 결합하였다.

---

101. 권용혁. 2015. "열린공동체주의: 국민국가 이후의 공동체론 모색." 『사회와 철학』. 30: 269.
102. 사이토 준이치. 앞의 책. p. 23.

그 결과 자유의 과잉이 아니라, 자유의 왜곡을 가져왔다. 자유주의는 권위주의나 전체주의로 손쉽게 탈바꿈해왔고, 공동체주의는 집합주의, 연고주의 혹은 전통적인 소집단으로 오인돼왔다. 한국사회에 '가짜 자유주의', '가짜 공동체주의'만 있다는 주장도 이 때문이다.[103] 개인의 삶은 왜곡된 자유주의와 비틀린 자본주의적 열망으로 채워졌고, 국가 주도의 극단적 노동 탄압이 이루어지는 통제된 사회 속에서 시민사회는 정상적으로 발달하기 어려웠다.

1987년 민주화 항쟁은 우리 사회의 중요한 변곡점이다. 오랜 탄압으로 억눌렸던 열망이 분출된 결과, 민주주의가 합법적으로 확립되었다. 정치적 자유는 시민운동을 합법적 공간으로 불러들였고, 80년대 후반 이전의 급진적 사회운동단체나 관변단체와 구별되는 시민단체들이 만들어졌다.[104] 그러나 민주주의의 합법성이 실질적 민주주의의 확립까지 담보하지는 않았다. 민주주의가 형식적으로는 확립되었지만, 사회의 하부단위들까지 민주주의가 체화된 것은 아니었다. 민주화 항쟁 이후, 시민사회가 등장하고 성장을 위한 환경이

103. 이승환. 1999. "한국에서 자유주의-공동체주의 논의는 적실한가?: 아울러 '유사 자유주의'와 '유사 공동체주의'를 동시에 비판함."『철학연구회 학술발표논문집』. 101-149.
104. 강상욱. 2001. "우리나라 NGO의 성장에 관한 연구: 시민단체를 중심으로." 서울대학교 대학원 행정학과 행정학전공 박사학위논문.

조성되었지만, '일반 시민들의 단체'로 조직되지는 못했다. 민주주의를 숙고할 정상적인 발달 기회를 얻지 못했던 시민사회를 대신하여, 특정 엘리트 집단이 중심이 된 시민단체가 만들어졌다. 시민사회 안의 다수의 시민은 시민단체를 길러 낼 만큼 여유롭지 못했다. 때문에 시민단체에 대한 가장 큰 비판은 '시민 없는 시민단체'라는 것이다. 정부가 펼치는 시민 참여 사업들도 마찬가지의 과제를 안고 있다. 마을공동체 사업을 비롯한 행정의 정책사업들은 행정의 파트너로 주도권을 가지고 참여하는 시민을 전제로 하기 때문이다. 그 결과 '마을 만들기' 정책을 추진하기 위한 첫번째 과제는 시민사회에 없는, '시민 만들기'이다.

공동체 만들기의 시민 만들기 프로젝트

민과 관이 협력하여 함께 일하기 위해서는 주민의 역량을 키워야 한다. 서울시 마을공동체 사업은 "주민주도성과 지속성을 위해 주민 스스로 사업을 통해 경험을 체득하고 역량을 강화할 필요"가 있다고 강조한다.[105] 마을공동체 사업에

---

105. 서울특별시. 2012. 앞의 책. p. 89.

직접 참여하는 경험 자체가 참여주민의 역량을 강화하기도 하지만, 별도의 역량 교육을 통해 마을공동체를 활성화시켜야 한다는 것이다. 마을공동체에서 말하는 주민 역량은 '민주시민으로서의 역량'이기도 하다. 『마을조례』에서 마을공동체 사업의 목적이 궁극적으로 "주민자치의 실현과 민주주의의 발전에 기여함"(제1조)에 있다고 밝히듯, 민주시민의 형성은 마을공동체 사업을 추진하는 데 필요한 조건이자 동시에 사업이 추구하는 목표다. 마을공동체 사업 경험을 통해 주민의 역량이 강화되고 민관이 협력함으로써 주민자치가 실현될 수 있는 기반을 조성한다. 이로써 주민이 일상생활을 영위하는 공간적·사회적 범위로서의 마을은 정치와 만난다. 개인의 문제와 욕구는 공동체적 과제와 필요로 의제가 확대되고, 마을은 확대된 의제를 논의하기 위한 공론장으로 기능한다.

이처럼 제도는 순차적이며 논리적이지만, 현장에서 제도에 발맞춘 다양한 주민의 참여는 없었다. 마을에서 둘, 셋이 모이기 시작하면 좀더 큰 공동체로 성장할 수 있으리라는 구조적 정책계획이 있었지만, 한정된 주민이 반복적으로 참여하는 문제가 나타났다. 내 일상의 문제를 넘어 우리 지역사회의 문제를 고심하는 의식의 확장과 변화도 자연스럽게 진행되지 않았다. 따라서 의도적 개입이 필요했다. 바로 주민 교육이다. 교육은 다양한 주민이 사업에 참여하고, 한정된 자기 울타리에 갇혀 있던 관심사를 넓혀 공적 의제로 나아가도록 유인했다. 교육을 통해 민주적인 시민을 발굴하고 키워내려 한 것이다.

민주주의 국가가 작동하기 위해서는 절차적·제도적 기제만이 아니라, 일정 수준의 시민이 필요하다는 주장은 정치이론가들 사이에서 이제 어느 정도 합의된 결론이다. 킴리카는 시민으로서의 자질을 갖춘 구성원이 없다면, 민주주의는 운영되기 어려우며 안정적이지 못할 것이라고 본다.[106] 구성원의 자질과 태도에 따라 민주주의 국가의 수준이 결정된다는 이러한 견해는 해당 국민이 헌법적 자유의 제도들을 만드는 정보만큼 가치를 지닌다고 보는 하버마스나, 민주적 국가만이 민주적인 시민사회를 창출하고 민주적인 시민사회만이 민주적인 국가를 유지할 수 있다는 마이클 월저[Michael Walzer]의 주장에서도 반복된다. 때문에 민주주의 국가로 발전하기 위해서 국가는 시민의 수준을 향상시킬 목적의 '형성적 프로젝트'(formative project, 또는 formative politics)를 수행한다. 즉 민주주의 운영을 위해서는 적절한 종류의 성격적 자질과 시민적

---

106. 윌 킴리카. 앞의 책. pp. 452-453.

덕싱을 지속해서 가르치는 정부 정책이 필요하다.[107]

마찬가지로 마을 만들기를 비롯한 정책의 상당 부분은 이미 '능동적이고 책임감 있는 공적 시민'을 목표로 설계된다. 이를테면 민주주의 공론장의 구성원들은 상호이해라는 목표를 가지고 공적으로 행동할 것이라 여겨진다. 단지 자신의 이득을 위해서 전략적으로 행동하리라고 기대되지 않는다. 만약 자기 이익을 우선하는 시민들로만 공론장이 채워진다면 민주주의 가치는 달성되기 어렵다. 따라서 공적 관심을 가진 충분한 수의 시민이 필요하다.

여기서 시민은 권위주의 체제의 신민subjects과는 구별되는 민주주의 체제의 시민citizens이다. 권력에 순응하기만 하는 타자적 존재가 아니라 정치적 권위에 이의를 제기할 수 있는 능력과 의지가 있는, 공공의 문제에 관심을 기울이며 정의로운 제도를 만들고 지지할 의무가 있는 주체이다. 시민이 된다는 것은 시민성civility이나 시민정신/덕성citizenship 등으로 표현되는 일종의 자질을 얻는 것이고, 그 자질은 공적인 삶의 영역에서 평등의 가치를 만드는 일과 관련된다. 시민의 형성은 완성형의 무엇이라기보다는, 사회 부정의에 대항하며 차별을 철폐하는 직접적이고 실천적인 행동을 해나가는 과

---

107. Sandel, M. J. 1996. *Democracy's Discontent*, Cambridge, UK: The Belknap Press Of Harvard University Press. p. 6.

정이다. 시민은 공익적 법제도를 마련하거나 정치적 악습을 잘라내기 위해 광장에 나서기도 하지만, 우리 마을에 외국인 노동자가 많이 살아서 집값이 떨어진다고 인상 쓰지 않는 일, 배달 음식의 용기를 줄이기 위해 반찬통을 이용하거나 재활용을 고민하는 일 등과 같이 공적 가치를 사적 영역에서 구현하는 실천까지를 포함한다. 따라서 시민 만들기 교육의 초점은 가치의 전환에 있어야 한다. 개인주의적 가치를 공동체주의적 가치로, 물질 만능과 경쟁의 가치를 호혜와 연대의 가치로 바꾸어 생각할 수 있는 기회를 제공해야 한다. 오늘날 펼쳐지는 시민 만들기 교육이 '시민'을 길러낼 수 있는가를 이러한 관점에서 진단해볼 필요가 있다.

마을공동체 사업에 참여하기 위해 기획서를 쓰고 예산을 운용할 수 있어야 하고, 회의 진행과 대화법을 익혀야 공론장이 원활히 돌아갈 수 있음은 이미 살펴보았다. 그러나 행정회계 기술이나, 커뮤니케이션 기술을 익히는 것만으로는 가치의 문제에 접근하기 어렵다.

시민을 만들기 위해 '무엇을 교육해야 할 것인가'와 함께, '누가 어디에서 교육해야 하는가'도 생각해야 할 질문이다. 국가가 시민교육을 제도화하는 것은 적절한가?

일반적으로 시민으로서 어떻게 살아야 하는지를 배우는 대표적 장소는 학교다. 그러나 킴리카는 역사적으로 학교가 쇼비니즘, 외국인 혐오 등 비자유적이고 비민주적인 악습을 조장하는 데 적극적으로 이용되어왔다고 지적한다. 국가의 제도적 교육체제에서는 오히려 민주적 시민으로서 균형 있는 태도를 배우기 어려울 수 있다. 이 위험은 오늘날 국가 주도 시민교육의 적절성을 다시금 생각하게 한다. 교육의 내용과 방향에 더욱 주의를 기울여야 하는 이유도 여기에 있다. 민주적 시민은 권위에 부응해 행동하기보다는 권위에 비판적으로 생각하는 능력을 갖추어야 하는데, 개별 시민보다 우위의 권력을 가진 국가가 시민을 길러낼 때, 기존 권력에 대항하는 시민의 힘이 잘 발휘되긴 어려울 것이다.

시민교육이 권력의 수단으로 길들여지는 것을 막기 위해 시민성은 '시민들 사이에서 증진'되어야 한다는 주장도 있다. 즉 '직접적인 국가 제도로부터 벗어난 시장, 시민단체 및 가족의 영역에서 시민을 길러내자'는 입장이다. 그러나 시장의 한계는 분명하다. 시장이 남녀노소, 지위고하를 막론하고 동등한 서비스를 제공해야 한다고 가르치는 것은 모든 사람이 평등하기 때문이 아니라, 그들이 우리의 고객이기 때문이다. 더 많은 수익과 이윤을 창출해야 하는 시장 논리는 사회적 책임감이나 정의를 가르치지 않는다.

가정에서 시민을 길러낼 수 있다는 주장에도 한계가 있다. 국가와 마찬가지로 가부장적 가족제도 하에서는 권위에 대한 비판의식을 키우기 어렵다. "가족은 종종 여성에 대한 남성의 지배를 가르쳐주는 '전제주의의 학교'ᵃ school of despotism"가 되기도 한다.[108] 이른바 가정에서 '모성적 시민성'을 키울 수 있다는 엘슈타인Jean Elshtain과 루딕Sara Ruddick의 주장은 연결고리가 미약하다. 이들에게 모성은 생명을 존중하고 보존하는 것, 그리고 약자를 보호해야 한다는 책임감 같은 태도인데, 킴리카는 이것이 어떻게 능동적이며 공적인 시민의식으로 전환될 수 있는지에 대한 증거가 없다고 본다.

그렇다면, 시민사회의 여러 조직들에서 시민성을 배울 수 있다는 입장은 어떠한가. 왈저는 민주정치를 가능하게 하는 시민성은 시민사회의 여러 자발적 조직들을 통해서 습득할 수 있다고 기대하지만, 그 조직들의 한계도 인정한다. 이웃들과의 모임, 교회, 환경단체, 후원단체, 협동조합, 노동조합 등 다양한 조직에서 우리는 시민으로서 책임을 배울 수 있지만, 편견과 불관용을 습득하기도 한다. 공공의 이익보다 자신이 속한 지역의 이익을 주장하는 님비NIMBY: Not In My Backyard

---

108. 윌 킴리카. 앞의 책. p. 486. (원문: Okin, 1992: 65)

현상이 그 예다. 장애인시설이 지역에 들어오는 것을 반대하며 공청회에서 목소리를 높이는 학부모회에서 시민성을 키울 수 있을까. 종교단체 및 그 시설도 마찬가지다. 이들은 종종 종교권위에 대한 존중을 가르치면서 타 종교의 가치나 신념에는 배타적 입장을 취한다. 이를테면 한국사회에서 보수 기독교는 성소수자를 받아들이지 않는다. 이처럼 시민사회의 모든 조직들이 포용적인 것도 아니고 관용도 부족하며 중립적이지도 않고 공정하지도 않기 때문에, 왈저는 시민사회 단체들이 시민정신의 원칙에 입각해서 개혁되어야 한다고 본다. 그러나 시민사회를 비판적으로 교정^{correction}함으로써 시민교육을 바로 세울 수 있다는 식의 주장은 또다시 '누가 교정해야 하는가' 하는 문제에 빠진다. 정부가 개입하여 수정해야 한다는 답은 '권위에 비판적으로 대항할 수 있는가'라는 문제로 다시 돌아간다. 또한 시민성을 기르기 위해 시민사회단체를 재조직한다는 것은 조직 본연의 순수하고 자발적인 성격을 왜곡시킬 위험이 있다.[109]

이처럼 가정이나 학교, 시민사회나 국가 모두 비판적이고 민주적인 시민을 만들기에 기여하고 있지만, 완전하지는 않다. 그렇다면, 시민은 어떻게 성장시킬 수 있는 것일까. 크룩

---

109. 시민교육의 내용과 온상에 대한 이론은 다음을 참조. 윌 킴리카. 앞의 책. pp. 481-496.

생크는 시민을 만들겠다는 기획 자체에 이의를 제기한다.

시민 만들기를 기획할 때, 시민은 없다

크룩생크의 주장은 매우 간명하면서 자극적이다. "시민이 민주주의 정치를 가능하게 하는 조건이라면, 그것은 시민이 민주주의 토대라는 것이 아니라 시민의 형성이 민주주의의 영원한 정치적 기획이란 뜻이다."[110]

그의 주장은 푸코의 권력이론과 통치성이론을 바탕으로 오늘날 민주주의를 해석한 것이다. 푸코의 권력이론은 우리가 일반적으로 생각하는 권력 구도와 다르다. 우리는 권력을 말할 때 흔히 누가 권력자인가, 그리고 누가 권력에 지배를 받는가 하는 힘의 구도를 찾는 데 열중한다. 절대왕권과 복속된 피지배계층의 구도처럼, 힘이 어떻게 행사되는지에 관심을 기울이는 것이다. 그러나 푸코는 권력의 소유관계에서 권력의 관계망으로 논의의 초점을 옮긴다. 통치자-피통치자, 주권자-예속자의 이분법적 구분은 무의미하다. 마찬가지로 크룩생크에게 시민은 권력에 종속되는 동시에 스스로

110. 바바라 크룩생크. 2014. 심성보 역. 『시민을 발명해야 한다』(*The Will to Empower*). 갈무리. p. 347.

의 주인이 된다.

또한 푸코의 통치성은 권력이 개인의 사소하고 평범한 삶의 영역에 도달함으로써 개인 품행을 관리하고 지도하는 것을 말한다. 개인의 삶에 관심을 두며 행위와 활동 등을 관리하는 통치성은 더 노련한 방식, 즉 "규제하는 것이 아니라 조절하는 것"으로, 자유의 형식을 존중하면서 한편으로 현상들을 조절하는 메커니즘으로 이루어진다.[111] 크룩생크는 민주주의 국가에서 '시민을 만든다는 과업'은 시민을 발명하는 통치기술을 통해 작동한다고 보았다. 그는 이 통치기술을 '시민성 테크놀로지'Technologies of Citizenship로 정의한다. 이 통치기술은 주체subject로부터 시민을 구성해내는 기술이지만, 실제로 '모든 시민을 예속된 주체'로 머물게 하며 주체성과 예속성의 문제를 가져온다. 주체의 정치적 참여를 극대화하는 방법론적 기술로 시민성 테크놀로지가 작동하지만, 권력관계 가운데 작동함으로써 민주주의 시민발명 기획은 "구성되는 동시에 제약된다." 모든 사람은 주어진 그 상태로 시민인 것이 아니라, "특정한 계획, 사회적 프로그램, 조직화 전략, 캠페인 등"을 통해 정치적 예속 주체에 가까운 민주적 시민

---

111. 미셸 푸코. 2011. 오르트망 역. 『안전, 영토, 인구』(Sécurité, territoire, population). 난장. p. 478.

으로 만들어진다.[112] 권력은 주체를 억압하기보다는 양육하는 방식으로 주체를 생산한다. 드러나는 배제나 억압으로 이루어지는 것이 아니다. 형식적으로는 자유로워 보이는 시민이지만, 그 자유는 권력의 작용에 좌우된다. 때문에 시민-주체는 자발적이면서도 통치를 벗어날 수 없다.

크룩생크는 18세기 자유주의는 사회의 자기조절을 확보하면서 진보를 추진하기 위한 통치술을 도입함으로써 지속될 수 있었다고 푸코를 요약한다. 그는 "자발적인 동시에 강제적인" 자조self-help야말로 "자유주의 통치술의 상징"과도 같다고 본다. 예를 들어 19세기 영국 〈자선조직협회〉는 기존의 기독교적 자선이 오히려 빈부 계급을 정당화하고 빈민의 의존도를 높일 뿐이라 비판하면서 빈민을 억압하기보다는 빈민이 자신을 스스로 돕는 시스템으로 전환할 것을 주장했다. 빈민의 자조 능력과 의지는 강제가 아니라 동의에 기초할 필요가 있었고, 동의를 끌어내는 민주적 과정에는 빈민의 품행을 지도하는 통치술이 적용되었다. 빈민들의 상이한 상황과 특징이 분류·계산되었으며, 개별 사례로 조사되고 기록되었다. 조사에서 중요한 부분은 빈민의 역량이다. 빈민 스스로 자신의 삶을 구해낼 수 있는지 평가하기 위해서는 가

112. 바바라 크룩생크. 앞의 책. pp. 66-79.

정방문원과 구빈법 당국을 비롯한 다양한 전문가 및 사회조직이 투입되었다. 이들은 빈민을 관찰/감시하며, 사후 원조가 아니라 사전 예방을 위해 개입했다. 개입의 방식은 합리적이고 체계적 관리의 원칙에 따라 간접적으로 이루어졌다. 절대적 기준이 적용되기보다는 개별 사례에 따라 적절한 생활표준을 제시하는 방식이었다. 이처럼 빈민이 자발적으로 생활표준을 지키도록 하기 위해서 전체에 대한 강제적 통치가 아니라 개인의 의지를 동원하는 기술이 적용되었다. 이러한 자조의 통치술은 개인의 행동과 다양성에 기초하면서도 빈민문제를 해결함으로 사회적 진보의 과제를 달성하게 한다. '사회는 언제나 전체로서 존재한다'는 관념으로부터 개인들의 이질성을 결합한다. "생활표준은 개별화하는 동시에 전체화하는 것"이며 다양한 개인의 관심이 전체 사회와 공통성으로 함축된다.[113]

이처럼 통치는 외부의 권력자를 통해서 가해지는 것만이 아니라, 스스로 이루어진다. 손과 발을 옥죄는 사슬을 따라 움직이게 만들지 않는다. 시민으로서의 표준을 알아서 지키고 스스로를 관리함으로써 시민이 된다. 이 시민 만들기의 기술이 시민성 테크놀로지이다. 그리고 이 테크놀로지는 자

---

113. 바바라 크룩생크. 앞의 책. p. 156.

기통치로 작동한다. 크룩생크는 자유주의적 통치 합리성이 타자와 함께 자기의 품행을 통솔한다는 푸코의 주장으로부터 시민성 테크놀로지의 자기통치성을 설명한다.

또한 크룩생크는 '정치적인 것은 개인적인 것이다'라는 글로리아 스타이넘$^{Gloria\ Steinem}$의 주장을 적극 수용한다. 스타이넘의 말은 '개인적인 것이 정치적인 것이다'라는 여성주의 슬로건을 뒤집은 것인데, 이 슬로건은 1960년대 서구 여성주의 운동에서 제기되었다. 여성 개인의 특수한 경험으로 치부되어 사회적으로 의제가 되지 않았던 문제들이 실제로는 사회구조적으로 얽혀 있기 때문에 적극적으로 의제화시켜야 한다는 의미이다. 이 슬로건을 역전시킨 스타이넘의 '정치적인 것이 개인적인 것이다'라는 말은 정치적 제도의 요구가 개인 삶의 영역으로 지나치게 확장되었다는 문제의식에서 비롯된 것이다. 정치적 목표가 자아의 영역에 침투해 왔다고 스타이넘은 비판한다. 크룩생크 또한 정치적인 것은 개인적인 자아의 층위에서 구축된다고 본다. 우리는 우리를 묶고 있는 사슬이 없다고 안도하지만, 그 해방과 자유는 자발적으로 스스로를 정치적인 것에 복속시킨다.

민주주의가 상정하고 있는 시민상의 이상을 실현하기 위해서는 시민들의 행동을 형성하는 시민성 테크놀로지가 필요하다. 즉 민주주의의 이상이 요구하는 그 행동을 하기를, 시민이 스스로 욕망해야 한다. 따라서 민주주의가 강제력의 동원 없이 안정되기 위해서는 개인의 자발적 행동을 증진하면 된다. 자조의 통치술은 "적극적 자유와 소극적 자유, 활력으로서 활동과 규범화된 행위, 시민성과 예속성 사이"에서 규정된다.[114] 욕망하는 주체를 만들어나가는 기획은 하나의 사회운동으로 새로운 형태의 통치를 확산한다. 그 통치는 공적인 것-사적인 것, 정치적인 것-개인적인 것이 접합되어 명확하게 분리될 수 없게 한다. 이로써 통치 범위는 비통치적 관계로 확장된다. 크룩생크는 민주주의의 독재적 경향을 언급하며, 결국 민주주의에서 독재는 폭압, 지배, 강제적 순응이 아니라 부드러운 비가시적 복종의 방법으로 수행되었다고 본다. 개별 시민은 다수와 대립하지 않으면서도 다수와 결합된다.

시민을 발명하는 과정은 개인이 '스스로 통치의 예속 주체가 되는 과정'이기도 하다. 때문에 크룩생크는 주체를 임파워[115]하여 시민을 만들겠다는 사회프로그램의 기획들도 그

---

114. 바바라 크룩생크. 앞의 책. p. 159.

115. 크룩생크가 언급하는 임파워(empower)에는 다음의 두 가지 의미가 내포되어 있다는 것을 기억해야 한다. 첫째는 권한이나 자율권 등의 힘을 부여하는 주체가 곧 '나'라는 것이다. 자조의 통치술에서 빈곤에서 탈출하기 위해서 빈민 '스스로 돕는 힘'이 중요했듯이, 시민성 테크놀로지에서도 외부의 기획이 아니라 통제권

자체로 권력관계라는 점을 지적한다. 이를테면 "다른 여성을 임파워하는 여성주의의 의지"도 자유주의 통치술과 다를 바 없다. "여성이 자신의 이해 관심에 따라 행동하도록 (심지어) 여성주의자도 테크닉을 개발하고 부과한다."[116] 통치자-피통치자의 이분법에서 주체가 달라졌을 뿐 구도는 반복되는 것이다. 여성이 시민이 '되기'로 스스로 결정하는 임파워 의지를 갖더라도, 그런 과정은 통치 대상인 동시에 여성-통치자로서의 활동가 및 단체를 상정하는 여성주의 안에서 실천되는 통치술에 불과하다. 빈민이든 여성이든 누군가 통치되고 있다는 사실이 곧 정부나 국가에 의한 통치를 의미하지는 않는다. 여성주의는 통치가 시장이나 자치에 의해 이루어질 수 있다는 점을 간과함으로써 통치 관계를 자발적 동의와 강제의 양자택일로 간주하는 다원주의 관점을 그대로 차용한다. 크룩생크는 이처럼 시민성 테크놀로지는 그 자체로 권력관계에 있으므로, 시민을 형성하겠다는 민주주의의 정치적 기획을 실천하기 위한 모든 전략은 비민주적인 방법에 불과하다고 본다.

을 가진 자율적 존재인 내가 민주적 지식과 덕성을 쌓는 것으로 설명한다. 둘째로 외부에서 강제되는 것이 아니라 주체 스스로 욕망한다. 빈민에서 탈출하고자 하는 의지, 민주적 시민이 되고자 하는 갈망에 기초한다. 이로써 기존의 예속적 통치와 구별되는 주체-예속의 양가적 통치 기술이 적용된다.

116. 바바라 크룩생크, 앞의 책, p. 176.

이와 같은 시각에서는 시민을 만들겠다는 기획이 상상되는 그 순간, 그 주체가 국가건 시민사회건 상관없이, 권위로부터 자유로운 시민은 없다. 시민은 국가의 통치 프로그램 속에서, 그리고 자기통치 과정을 통해서 오히려 고스란히 권력관계에 놓이게 된다. 마을공동체 사업을 통하여 민주시민을 양성하겠다는 기획도 마찬가지다. 기획이 상상되는 그 순간, 권위에 대항할 수 있는 민주적 시민은 사라진다.

때문에 크룩생크의 비판적 논의를 우리의 현실에 대입하면 힘이 빠진다. 앞서 살펴보았듯이 마을공동체 사업은 시민 없는 시민사회에서 민주적 시민을 키워내기 위한 하나의 해결로 제시되었다. 공동체 활동에서 시작해서 자연스럽게 공공 의제에 관심을 가지며 자치활동을 해나갈 것으로 기대되었다. 그러나 마을공동체 사업 정책의 이상처럼 자연스러운 성장은 어려웠다. 나와 내 가족의 문제를 해결하려고 시작한 서너 명의 모임이 커져서 마을의제에까지 눈을 돌리는 일은 자연스럽게 이루어지지 않는다. 다양한 교육을 통해 사업참여자들의 시야를 공공의제로 확장시켜야 한다. 그러나 크룩생크의 주장처럼 사업을 통해 민주시민을 키우겠다는 구상이 권력에서 자유로울 수 없다면, 우리는 어떻게 민주적 시민과 민주사회를 꿈꿀 수 있을까.

공동체 만들기의 '활동가 만들기'

마을공동체 사업은 마을 안에 활동가들의 다양한 일자리를 만들어냈다. 마을공동체 사업을 안정화시키기 위해서는 마을활동가를 전문적인 직업군으로 탄탄하게 구축할 필요가 있었기 때문이다. 활동가들이 적절한 경제적 보상을 얻음으로써 이탈 없이 활동을 지속할 수 있고, 활동가의 전문성도 축적된다.

그러나 현장은 '활동을 하다보니 보상을 얻게 된 경우'가 아니라, '보상을 얻기 위해 활동을 시작한 경우'들로 양상이 바뀌기도 한다. 한 현장에서 마을교육을 나간 마을지원활동가에게 마을주민들이 물었다. "이거(마을공동체 사업) 해가지고 뭐가 남느냐"라는 질문에 마을지원활동가는 마을현장에서 활동하다가 점점 '올라가서' 경제적 소득을 얻는 마을활동가로, 도시재생활동가로, 센터활동가로, 단장으로 진입하는 경로를 소개하기도 했다. 마을공동체 사업을 소개하고, 주민들의 사업과정을 컨설팅해야 하는 자치구의 마을지원활동가들이 교육 강사로 나서면서 공동체사업을 왜곡해서 해석하는 것이다. 인터뷰에 참여한 한 마을지원활동가는 마을활동을 일종의 '혜택'으로 주변에 설명하고 있었다. '내가 보조금 안 받으면 어차피 다른 사람이 받는 긴데, 아까우니까 (내가) 하는 게 낫다'는 식으로 마을 주민에게 설명한다. 마을지원활동가의 활동비는 자치구에 따라 회당 7만원, 10만원 정도로 책정되는데, 초창기에는 마을공동체 활동이 좋아서 '전도사같이' 열심히 알렸던 사람들이 많았지만, 지금은 '고소득 알바로 활동하는 사람'들도 있다.

마을공동체 활동가가 공무원이 되는 경우도 있다. 서울시는 마을공동체 사업 초기부터 기존의 행정조직이 마을현장을 파악하고 지원하는 데 정보와 유연성 등에서 한계가 있다고 보고, 민간 전문가를 사업 정책설계에 결합했다. 그래서 민간 영역에서 공무원이 된 이들을 가리켜서 '어쩌다 공무원', 줄여서 '어공'이라고 속칭한다. 마을현장의 인력이 행정 영역으로 진입하는 것이다. 또 공동체 관련 정책이 도시재생, 혁신교육, 협치 등에서도 등장함에 따라, 마을공동체 사업 경험은 이들 유사 사업의 민간 전문가 선발에 있어서 인기 있는 이력이 되었다.

"비슷비슷한" 사업에서 마을공동체 사업의 활동가를 "무조건 데려다 쓰는" 탓에 현장에는 '25개 자치구 중간지원조직에 있는 상근자의 경력이 1년 미만이 상당수인' 활동의 연속성 문제가 생겼다. 마을현장에서는 "한정된 인력풀인데 그나마도 중간조직이나 어공으로 들어가버리니 현장에 남은 사람이 없다"는 한탄이 흘러나온다.[117] 현장에 탄탄한 피라미드형 조직이 형성되기도 전에, 중간지원조직과 전문가 인력구성이 비대해지는 비정상적 구조가 형성되고, 마을현장에선 인력공백의 문제가 제기된다.

기존 공무원사회의 반발도 있다. 가장 큰 이슈는 늘공(늘상 공무원: 어공이라는 표현이 생기면서 기존 공무원을 지칭하여 부름)의 승급 문제다. 찾아가는동주민센터(찾동) 마을계획은 동 단위에서 민간 전문가를 공무원으로 채용하였다. 그런데 늘공들은 찾동 담당지기 7급으로 들어오면서 "8급 (공무원들의) 승진이 막혔"다고 말한다. 전문성에 대한 문제도 지적한다. "컴퓨터도 못하는 사람들"이 뽑히는 바람에 "우리가 하면 될 일을 괜히 사람 뽑아서 그 사람을 담당하는 사람이 또 하나 생기게 되었다"는 어공의 역량 부족 문제도 제기된다.

마을공동체 사업이 마을의 일선에서 시민들의 공동체성을 일깨우고 네트워크를 형성해나갈 활동가를 정책으로 제도화하고 임금노동자로 고용함에 따라, 민간 리더십은 국가의 정책전달자가 되었다. 국가행정의 권위에 맞서고 이의제기를 하거나, 동등한 파트너십을 맺어야 할 시민 주체가 정책 시스

---

117. 서울시 마을공동체 평가토론 준비모임 '민들레 홀씨'의 2018. 4. 27 마을포럼 중.

팀에 부속된 것이다. 전문가 직위를 빌어 행정에 진입한 활동가는 정책을 구상하고 실행할 수 있게 된다. 그러나 현장에 남아 있는 활동가는 여전히 정책 구상에서는 배제된다.

마을공동체 사업의 전문가를 양성하는 과정은 지자체마다 차이가 있지만, 자치구 중간지원조직의 단계별 교육 과정을 거쳐야 한다는 점은 거의 유사하다. 마을전문가의 표준을 정하고, 길러내는 과정도 행정의 기획력에 의존하게 된다. 마을전문가의 보수와 역할도 행정의 영향력 아래 있다. 시민이 전문가로 성장하더라도 행정을 지원하는 보조적인 역할로 행정이 정하는 규준에 따라 움직일 수밖에 없다.

'시민 만들기'에서 '사회 만들기'로

활동가 만들기의 이러한 한계는 마을공동체운동이 사업화되면서 자본주의적 사고로 공동체 만들기를 시도했기 때문이다. 마을공동체 사업은 "배가 고픈 시기를 지나면서 이루어진, '양보다 질적 수준이 높은 삶' 곧 '물질과 정신이 균형 잡힌 삶'"이라는 가치전환을 담고 있다.[118] 레토릭은 일상

---

118. 조한혜정. 2014. "마을공동체, 문명 전환을 위한 작은 시작." 서울특별시.『2013 서울시 마을공동체 백서: 서울·삶·사람』 p. 4.

적 삶의 원리를 설명하지만, 현장은 여전히 화폐와 권력이 주도하는 체계의 원리로 움직였다. 조작, 통제, 의존성, 관료제화, 규제 등으로 특징지어지는 자본주의 방식의 내적 모순은 사업 과정에서 유지되거나 더 견고해진다. 마을공동체 사업은 생활세계로부터 시작해서 거시적인 체계 변화를 이끌어내고자 했다. 그러나 사업과정은 오히려 생활세계가 기존 체계의 원리에 잠식되는 식민지화를 촉진시켰다. 마을공동체 사업을 움직이는 실제 원리는 질적 변화를 추구하는 공동체주의가 아니었다. 참여자로 하여금 사업에 참여해야 경제적 이득을 본다는 물질주의적 가치를 재확인하게 한 것뿐이었다. 다시 말해 정부에 의해 진행되는 마을공동체 사업은 관료제의 특성을 벗어날 수 없었다. 베버가 지적하고 분석한 것처럼, 현대 관료제는 권한의 명확한 한계규정, 계통적이고 위계적인 조직 구성, 전문화된 인력조직, 문서화되고 일반규칙에 입각한 업무수행, 완벽한 업무수행 능력 요구를 특징으로 한다.[119]

정책은 공동체의 모든 주체가 평등하게 지위와 능력의 차이 없이 자유롭고 개방적으로 논의를 펼치는 공간으로서 공론장 만들기를 목표로 삼는다. 그러나 민주주의 원리에 의한

---

119. 하상복. 앞의 책. pp.152-153.

공론상과 관료주의적 한계를 안고 있는 정부사업에서 교차점을 찾기는 어렵다. 결국 사업의 과정과 참여자는 신자유주의적 사고에 머물러 있는데, 어느 순간 가치의 전환이 일어나 공동체적 자치활동으로 나아가리라는 기대 자체가 모순적이다. "한 단계를 넘어가기 위한 작업"이 이루어지지 않는 것이 아니라, 마을공동체 사업의 기획이 민주사회 공론장의 형성과 서로 다른 방향을 가리키고 있는 모양새다. 마을공동체 사업의 지향은 민주주의에 두면서 과정은 효율성, 형식성, 경제성, 이윤의 원리에 따라 공동체의 친밀권을 형성해나간 것이다.

신자유주의의 방법이 공동체주의의 방법들로 대체되지 않은 것은 한국사회의 결핍에 기인한다. 우리의 공동체 사상 및 운동은 자유주의의 팽창 속에서 성숙된 결과물이 아니다. 한국사회에서 공동체는 충분히 경험되지도, 논의되지도 못했다. 전체주의의 동원 경험이 공동체운동으로 해석되기도 하고, 학연·지연의 연고주의가 공동체주의로 왜곡돼왔다.[120] 이상理想을 숙고하지 못한 채 진행된 오늘날 마을공동체 사업은, 새마을운동이 받았던 비판을 떠안을 수밖에 없다. 또한

120. 한국사회에서 공동체가 발전하지 못한 배경에 대한 논의는 다음 논문을 참조. 이승환. 1999. "한국에서 자유주의-공동체주의 논의는 적실한가?: 아울러 '유사 자유주의'와 '유사 공동체주의'를 동시에 비판함." 『철학연구회 학술발표논문집』. p. 101-149.

공동체주의라는 가치에 신자유주의적 개발의 방법을 적용하다보니, 가치마저 전복되는 결과를 가져왔다. 공동체사업은 "혜택 받는 사업"으로 일축되고, 공모사업을 통한 보조금 배분은 신자유주의의 경쟁논리를 강화할 뿐이다.

공동체 '운동'이 공동체 '사업'으로 전환되면서 핵심 주체는 '관'이 되었다. 일차적으로 비판해야 할 것은 사업의 추진 과정에서 설계된 체계화된 제도 그 자체의 논리적 정합성이다. 몇몇의 공동체가 자연스럽게 민주적 공론장으로 확장될 것이라는 막연한 제도 설계의 적절성과 현실 정합성에 대해 論해야 한다. 실천적 측면에서 제기해야 할 문제의 핵심은 제도화가 정부 주도로 이루어졌다는 데 있다. 새로운 사회운동도 비제도화된 대안적 방법을 모색하지만, 사업의 효율적 추진을 위해서 결국 제도화됨으로써 그 새로움을 시종일관 견지할 수 없게 되는 딜레마에 봉착한다. 검토해야 할 지점은 '과정을 누가 추동했는가'이다. 마을공동체 사업이 새로움을 주장할 수 없는 것은, 공동체 구성원들이 효과적인 운동의 방법을 모색하며 스스로 제도화의 길로 들어선 것이 아니라, 태동기 운동들이 정부 주도의 제도화에 수렴되었다는 데 있다.

따라서 사업과 교육을 통해서 시민을 성장시키고 마을전

문가로 키워내려는 마을공동체 정책이 당면한 한계의 원인
은 정책의 관료제적 전달방식에서 찾을 수 있다. 그리고 효
율성과 성과주의 방식이 마을공동체 사업에서 마찬가지로
작동하다보니, 공동체주의의 민주성, 수평성, 개방성, 분권,
협력과 연대 등이 제대로 발휘할 힘을 얻지 못했다. 개인이
아무리 시민으로서의 소양을 갖추었다 하더라도 정책과 사
회가 물질주의적 가치에 따라 운영된다면, 시민 개인이 시민
덕성을 발휘하며 '좋은 시민'이 되는 일은 요원하다.

결국 좋은 사회를 만들기 위해서는 개인의 시민적 덕성에
책임을 떠넘기지 말고 시민성을 배양할 수 있는 사회를 만들
어야 한다. 공동체주의 가치를 시민 공동체에게만 요구할 것
이 아니라, 행정제도에서 구현해야 한다. 행정과 사회 전반은
물질주의적 가치를 따르면서, 마을공동체 안에서만 공동체
주의가 작동하게 할 수는 없다. 오히려 마을공동체가 더 강력
한 물질주의적 가치에 전이될 위험이 크다. 때문에 '좋은 사
회를 만들 좋은 시민을 키워내는 일'보다 '좋은 시민이 성장
할 수 있는 좋은 사회 만들기'에 논의가 더 집중돼야 한다.

6장

공동체 너머 공동체는
만들어질 수 있을까?

| 우리 공동체에 들어올 수 있는 자격 |

    지역사회 돌봄 활동을 중심으로 하는 어느 사회적협동조합에 교육 갔을 때의 일이다. 성인지 감수성 및 다양성을 주제로 강의를 해달라는 부탁을 받고, 역할놀이role play를 만들었다. 놀이의 규칙은 단순하다.

〈공동체 역할놀이〉

  1. 성/나이/특징이 다르게 적힌 다음의 15장 카드 중 하나를 뽑는다.

  2. 자신이 뽑은 카드의 역할이 되어, 말과 행동을 한다.

  3. 참여자들은 다음의 두 가지 활동을 한다.

    ① 참여자는 모두 조합원이다. 협동조합 총회에서 이사장을 선출해보자.

    ② 구(區) 행사에서 우리 협동조합 부스를 운영하고자 한다. 내용과 역할에 대해 논의해보자.

〈역할놀이에 사용된 15장의 카드〉

20대 남자 대학생 미혼부로 아이 1명 있음	20대 여자 결혼 안함 취업준비생 지방에서 올라와 혼자 지내기 외로움	30대 여자 결혼 안함 신체장애가 있음 공무원	30대 남자 직장인 애인과 동거중 여유 시간이 없음	30대 여자 육아휴직중 15개월 아이 있음
40대 여자 협동조합 만들어질 때부터 참여한 핵심 멤버	40대 남자 1살, 3살 아이 아빠 협동조합 활동에 관심이 많고 의욕적	50대 남자 우리 지역에 소문난 부자	50대 남자 구의원 다음 구청장 선거를 노리고 있음	50대 여자 3살 손녀가 있음 아이를 돌보다가 3일 전에 협동조합 가입
50대 여자 지역에 이사온 지 얼마 되지 않음	60대 남자 대기업 임원으로 은퇴하고 지역에서 활동을 시작하려 함	60대 여자 지역사회를 위해 봉사하고 싶은 마음이 강함	60대 여자 협동조합 만들어질 때부터 참여한 핵심 멤버 나서기 좋아함	80대 여자 1인 가구 치매 초기

교육 참여자는 10명 정도로 바닥에 둥글게 둘러앉았다. 역할극을 서로 쑥스러워하자, '00씨가 좀 해봐라'라며 유일한 남성 참여자에게 진행이 맡겨졌다. 이 남성 참여자가 뽑은 역할은 '여성'이었음에도 그동안 공동체가 익숙했던 방식으로 흘러갔다. 대다수 참여자가 카드에 적힌 내용을 읽는 수준에 그쳐 역할극이 제대로 진행되기는 어려웠다. 오히려 참여자들이 역할에 대해 더 몰입하며 반응을 보인 것은 극을 마치고 난 후, 나의 질문이 나열되면서부터였다.

나: 선생님께서 뽑으신 카드는 '신체장애가 있는 30대 여자'였군요. 우리 협동조합에 이 분이 들어오고 싶어하신다면, 다들 어떻게 생각하

시나요?

참여자들: (상당수가 고개를 끄덕이며 응답) 좋아요. / 그 사람이 우리 조합 활동에 얼마나 관심을 가지고 참여할 수 있는가가 더 중요하다고 생각합니다.

나: 그러면, 신체장애가 아니라, 발달장애나 자폐증을 가진 분은 어떤가요?

참여자들: (정적이 흐른 후) 그건 좀… / 아무래도 어렵지요.

나: 신체장애가 있으신 분은 우리 조합에서 수용할 수 있지만, 지적 장애가 있으신 분은 어렵다는 말씀이지요? 왜 그렇게 생각하시나요?

참여자들: (잠시 시간이 흐르고) 대화도 안 되는데 어떻게 활동을 해요.

나: 그러면 이렇게 생각해볼까요? 어느 날 옆집 아주머니가 나에게 이야기를 해요. '내게 자폐를 가진 자식이 하나 있는데, 이 아이만 생각하면 너무 마음이 아프다. 내가 이 아이보다 하루라도 더 살아야 하는데 싶다.' 옆집 아주머니께서 이렇게 속상해하면서 '자기네 협동조합에서는 마을 돌봄 같은 거 한다고 하지 않았느냐, 뭐 같이 할 수 있는 게 없겠느냐'라고 하신다면, 어떻게 할까요?

참여자들: 그럼 받아줘야지요.

나: 왜 달라지셨나요?

참여자들: 아니, 그 집 엄마가 보증을 해주잖아요.

나: 왜 우리는 지적 장애가 있으신 분의 사례에서만 '보증'이 필요할까

요?

참여자들: (다시 정적)

나: 그러면 '지역사회를 위해 봉사하고 싶은 마음이 강한 60대 여자'는
   어떤가요?

참여자들: 그런 사람이면 얼마든지 좋아요. / 같이 해야지요.

나: 그런데 이 분이 성소수자라면, 어떠세요?

참여자 몇은 나에게서 고개를 돌린다. 어떤 참여자는 가방에서 뜨개질
거리를 꺼내 들었다. 성소수자 이야기로 질문 몇 개가 더 이어지자, 우리
기 앉았던 원이 커지면서 참여자들은 나에게서 멀어졌다.

'우리'를 만들면, '우리'에 갇힌다

일단 공동체가 만들어지면, 공동체의 안과 밖이 생긴다.
친밀하게 상호작용하면서 끈끈하게 연결된 '우리'가 안에
있고, '우리'의 밖이 생긴다. 연대, 결속, 친밀감 등과 같은 감
정은 공동체를 구성하는 핵심요소다. 그러한 감정은 공동체
의 구성원에게 안정과 편안함을 준다. 그러나 '우리'에 들어
오지 못한 밖의 사정은 어떠할까.

공동체는 사회적 자본의 위험에서 살펴보았듯이(3장 참조) '끼리끼리'의 한계에 봉착할 수 있다. 성별로는 여성 참여자가 남성보다 더 큰 비중을 차지하고, 자녀양육과 교육 분야 중심의 활동에서는 비혼자가 위축될 수 있음을 앞에서 함께 생각했다.

마을공동체 현장의 새로운 시민이나 모임이 리그 안으로 진입하기 어렵다는 것은 단순히 친밀한 이웃이 있느냐 없느냐의 문제가 아니다. 마을공동체가 마을정치와 연결되면서, 의제를 논의하는 공론장에 누가 들어갈 수 있는가의 문제로 확대된다. 과거 시민권이 교육·재산·인종·성·직업을 근거로 차별적 대우를 하였다면, 이제는 마을정치의 참여권이 어떤 차이로부터 차별을 야기하는가에 주의를 기울여야 한다. 재산 정도가 공동체 활동에 영향을 미치지 않는다고 하지만, 도시재생 공청회 현장에는 해당 지역의 건물주들이 주로 자리를 차지한다. 도시재생이 삶의 공간을 다시 일구는 공동체적 작업이라면, 자가든 전세든 상관없이 마을의 거주자 모두가 함께 목소리를 낼 수 있어야 한다. 그러나 도시재생이 부동산 시세를 높이는 자산증식 방편으로 이해되면서, 대체로 직접적인 이해 관계자들을 대상으로 교육과 사업이 이루어진다. 한편 마을공동체를 꾸리는 데 교육 수준은 크게 영향을 미치지 않는다. 그러나 사업으로 공동체 만들기를 본격적으로 시작할 때 정보를 얻고 필요한 부분을 사업화해서 계획서를 쓰려면 어느 정도의 교육 수준이 필요하다.

참여자 한계의 지적에 대해 일각에서는 '공동체 활동에 누가 언제 참여자를 제한한 일이 있는가'라고 묻는다. 그러나 미란다 조셉은 오늘날 자유주의적 공론장의 위험은 "배타적이고 규율적인 특성"the exclusionary and disciplining characteristics에 있다고 꼬집는다.[121] 자유주의 이론은 (평등주의나 공동체주의 등의 이론과 마찬가지로) 모든 대중은 동등하게 존중받아야 한다고 말한다. 그러나 조셉은 자유주의에 따라 공론장이 운영된다면, 공론장은 실제로 중립적이지 않고 오히려 지배집단의 이해에 따라 일정한 방향으로 유도될 위험이 있다고 지적한다. 그의 시각에서 공동체에 참여할 것인가의 여부는 개인의 선택이 아니다. 자본과 기득권층이 만든 규율 때문에 개인의 참여가 불가능해지기도 하고, 강제로 변경되기도 하고, 완전히 배제되기도 한다.

참여자를 제한하지 않는다는 원칙적 선언이 모두에게 열린 공동체를 보장하지는 않는다. 공동체 만들기가 정책적으로 지원되고 있는데도 현실은 쉽지 않다. 한정된 참여자나

---

121. Joseph, Miranda. 앞의 책. p. 21(introduction).

가짜 참여사의 문제뿐만 아니라, 경제적 보상이 참여 동기가 되는 경우도 있다. 권위적 위계구조와 행정의 주도성, 그리고 기존 권력이 중심이 되어 폐쇄적으로 운영되기도 한다. 삶의 질을 지향하는 공동체 정책이 오히려 삶의 영역을 장악함으로써 민주적 공론장으로서의 공동체가 형성되지 못하고 제도화된 전문가 문화뿐만 아니라 시민을 배제시키는 권력형 시민단체를 양산하지 않았는지 다시금 성찰할 필요가 있다.

오늘날 마을공동체 만들기 사업의 문은 모두에게 평등하게 열려 있는가. 작은 마을 안에서 공동체별로 내부 결속을 다지며 이권 다툼을 벌이는 사이, 새로운 주체가 등장하고 성장할 기회가 사그라드는 건 아닌지 현장을 되돌아보아야 할 때다. '우리'라는 말은 나를 포함해서 여러 사람을 친밀하게 엮어내는 의미도 있지만, 동물을 가두는 곳을 뜻하기도 한다. '우리'만의 공동체를 강조하면, 공동체의 안과 밖을 나누면서 결국 한정된 영역에 갇히게 된다. '우리'를 만들면 '우리'에 갇힌다. 동음이의어의 우연성이 주는 교훈이다.

갇혀 있을 때 내부에서 벌어지는 일들

놀이공원 사파리 투어 버스는 이용자에게 색다른 경험을 제공한다. 야생의 동물들을 놀이공원 한쪽에 모아 사파리를 만들고 사람들은 차 안에서 관찰한다. 동물원의 더 좁은 철 창을 생각하면 사파리는 동물에게 더 나은 환경을 제공한다 고도 볼 수 있겠지만, 사육사의 통제에 따라야 하는 것은 매 한가지다. 다른 동물들을 해하지 않도록 동물별 권역을 지 키는 것은 공간을 구획하는 시설과 적절한 훈련의 결과이다. 사파리 투어 참여자들의 먹이주기 체험 프로그램은 길 길들 여진 동물에게 주어지는 일종의 보상이다. 관람객도 지켜야 할 안전 규칙이 있다. 동물을 자극하는 행동을 하면 안 되고 진행자의 지도를 따라야 한다. 그리고 관람객의 버스는 철창 과 방탄유리로 안전하게 제작되어, 동물의 돌발행동으로 사 고가 발생하지 않도록 관람객을 보호한다. 그런데 상황을 공 간별로 나누어 생각해보자. 바깥 공간과 놀이공원 공간이 나 뉘고, 다시 놀이공원 공간 중에서 동물들이 있는 사파리가 있다. 바깥 공간과 동물들을 나누는 우리 안쪽에는 동물을 보기 위해 사람이 탑승한 사파리 버스가 있다. 동물이 갇혀 있는 우리 안에, 사람은 동물을 보기 위해 자발적으로 갇힌다. 동물의 시선에서 보자면 꼼짝없이 갇힌 불쌍한 생명체는 사파리 버스 안의 사람들일지도 모른다. 철창과 방탄유리 안의 보호장치에 스스로 들어갔지만, 갇혔다는 사실이 변하지는 않는다.

'우리'를 강조하며 공동체 안으로 들어가는 것도 마찬가지다. 우리가 하나의 공동체라는 동질감을 높이기 위해 외부와 선을 그으면 스스로를 가두는 것과 같다. '우리'를 강조하는 공동체는 외부에서 새롭게 진입하는 참여자를 위험요인으로 여기고 애초에 차단함으로써 공동체를 폐쇄적으로 보호한다. 갈등의 소지를 사전에 차단함으로써 공동체의 존속을 도모한다. 그러나 새로운 참여자가 유입되지 않고, 고정된 멤버십을 유지하는 공동체의 연대가 지속될 수 있을까. 내가 지켜본 현장들은 공동체가 폐쇄적일 때, 쇠락의 길을 걸었다.

2000년대 초중반, 한창 마을에 작은 도서관 열풍이 불던 때가 있었다. 이때쯤 문화적 혜택을 받지 못하는 지역에 어린이도서관을 지어주는 TV 예능 프로그램도 있었다. 공동육아를 하던 한 학부모 공동체에서도 아파트협의회를 설득해 단지 공용공간에 어린이 공부방 겸 작은 어린이도서관을 만들었다. 공동육아를 하던 아이들이 성장하면서 책을 읽어주고 학습과 문화프로그램을 소화하기 위한 공간이 자연스럽게 필요해진 것이다. 의욕적인 학부모들의 공동체활동은 여기저기에 성공 사례로 소개되기도 했다. 그러나 공간이 창고처럼 변했다는 소식이 어느 날 들려왔다. 어린이도서관을 이용하던 아이들이 십대가 되면서 공간은 독서실로 바뀌었다. 그러다가 학년이 높아지면서는 다른 사설학원으로 옮겨갔다. 자녀들이 성장하면서 열심히 활동하던 부모들의 관심도 멀어졌다. '공간이 협소하므로 참여자를 제한할 수밖에 없다'고 생각했던 학부모들의 계산 착오였다. 새로운 참여자가 지속적으로 유입되었다면, 아마도 그 공간은 여전히 지역 아이들의 작은 도서관으로 세대 물림이 되었을 것이다.

상상된 공동체

낯선 사람을 만날 때 어떻게 친해질까? 처음 만나서 친해지기 위해 필요한 것은 무엇일까? '새로운 상대방은 어떤 사람일까' 같은 호기심과 궁금증으로 기분 좋은 설렘도 있지만, 어색한 긴장감과 불안도 있다. 그러다 대화 중 우연히 좋아하는 가수가 같다든가, 한동네에서 어린 시절을 보냈든가 하는 사소한 공통요소를 발견하면서 이색했던 분위기가 풀어지기도 한다. 비슷한 취향은 새로 만난 상대와 적절한 대화거리가 되기도 하고, 그러면서 새로운 사람의 낯섦이 호감과 편안함으로 바뀌기도 한다. 이와 같이 상대와 나의 공통요소를 발견하고 비슷하다고 느끼는 감정, 즉 동질감을 대인관계 연구자들은 친밀감으로 전개되는 하나의 과정적 요소로 보기도 한다.

동질감은 일상생활에서 개인 간 관계에서 형성되기도 하지만, 집단을 하나로 결집하는 감정 요소이기도 하다. 국민국가를 형성하는 데 '우리는 한핏줄, 한겨레' 식의 공통요소가 강조되는 것도 동질감을 통해 연대성이나 공동체성 등을 얻을 수 있다고 기대하기 때문이다. 그러나 '우리'라고 엮어내는 공통요소들은 객관적이고 절대적인가? 베네딕트 앤더슨Benedict Anderson은 『상상된 공동체』Imagined Communities에서 민족은 고유하고 절대적인 개념이 아니라, 상상된 인공물에 불과하다고 지적한다. 민족은 흔히 타민족과의 분명한 경계를 이루는, 하나의 정치적 공동체이기에 때로 목숨을 던져서라도 지켜내야 하는, 형제애가 작동하는 공동체로 간주된다. 그러나 앤더슨은 타민족이라는 분명한 경계를 그을 수 없으며, 면대면의 긴밀한 관계가 있는 원초적 촌락보다 큰 공동체는

전부 상상된 것에 불과하다고 본다.[122]

국가나 민족 단위의 거시적 공동체가 아니더라도 우리 주변의 크고 작은 공동체는 공통요소에서 출발하는 경우가 많다. 이를테면 등산이라는 같은 취미를 갖는 동호회, 초등학생 자녀를 둔 부모 모임, 마을 개천 생태계 복원에 관심이 있는 주민 모임 등은 관심이나 흥미, 생활환경 및 사고 등의 공통점에서 시작하는 공동체들이다. 공통요소는 공동체가 만들어지는 기초이다. 그러나 비틀어 생각하면, 공동체란 "다른 것을 희생시키면서 하나의 특수성을 보편화하려는 시도"attempts to universalize one particularity at the expense of others에 다름아니다.[123] 하나의 공통요소를 극대화시켜 구성원을 하나로 엮고 공동체로 상상한 또다른 형태의 상상된 공동체인 것이다. 구성원들이 공유한 공통요소는 공동체의 결속을 가져오기도 하지만, 구성원들이 가진 다른 요소들은 가볍게 무시되거나 삭제되거나 혹은 강요될 수 있다. 공통요소가 있어서 하나로

---

122. 베네딕트 앤더슨. 2018. 서지원 역. 『상상된 공동체: 민족주의의 기원과 보급에 대한 고찰』. 도서출판길.

123. Balibar, Estienne. 1994. Racism as Universalism. In *Masses, Classes, Ideas*, translated by James Swenson. New York: Routledge, 1994; Joesph, Miranda. 앞의 책. p. 19에서 재인용)

발리바르가 Racism as Universalism(보편주의로서의 인종주의)에서 언급한 이 지적은 비단 인종주의에만 적용되지 않는다. 공동체로 엮어내는 공통요소는 인종만이 아니라 실로 사소하고 비객관적이며 다양한 지점일 수 있다.

묶이는 깃이 아니라, 하나로 묶기 위해서 공통요소를 강조할 수도 있는 것이다. 아르준 아파두라이$^{Arjun Appadurai}$에 따르면 민족적 전통이나 의식은 집단이 가진 고유 특징이 아니라 공동체를 만들기 위한 사회적 기술에 불과할 수 있다. 이를테면 "명명식이나, 체발식, 문신법, 격리, 할례, 박탈 의식 등은 신체 위에 지역성을 각인하는 복잡한 사회적 기술"이다. 이런 의식들은 하나의 사회적 집단을 만들기 위한 기계적 기교이자 나아가 (지역 연구자가) '원주민'^{native}이라는 범주를 생산하기 위한 사회적 기술로 해석된다.[124] 공동체로 엮어낼 수 있는 요소가 있어서 공동체가 된 것이 아니라, 공동체를 만들기 위해 공통요소를 만들어냈다고 보는 것이다.

미란다 조셉의 연구는 하나의 공통요소가 강조될 때, 공동체가 겪을 수 있는 딜레마와 위험을 보여준다. 그는 샌프란시스코에 있는 라이노세러스^{Rhinoceros}라는 게이-레즈비언 극장에서 매니저, 매표소 직원 등으로 일하며 현장연구를 진행했다. 극장은 1977년에 세워졌는데, '게이 공동체에 의한 (by), 게이 공동체를 위한(for), 게이 공동체 속에서(in), 그리고 게이 공동체의(of) 극장으로서 게이 공동체를 환유$^{metonymy, 換喩}$하고 반영^{reflection}하는 방식으로 그들 자신과 다른 사람들이

---

124. 아르준 아파두라이. 2004. 차원현·채호석·배개화 공역. 『고삐 풀린 현대성』 (*Modernity at Large: Cultural Dimensions of Globalization*). 현실문화연구. p. 313.

게이 공동체를 형성, 정의하는 데 도움을 주는 것'을 조직의 미션 및 비전으로 삼았다. 또한 게이-레즈비언으로서의 정체성을 확인하는 한편, 공동체 외부의 이성애자와의 소통에 대해서도 강조했다.

그러나 조직 운영에 이 두 관점을 병행하기는 어려웠다. 성 정체성을 강조하여 공동체 내부 결속을 단단히 해야 할지, 아니면 공동체 밖으로의 확장을 도모할 것인지, 둘의 균형을 맞추기란 쉽지 않았다. 극장 재정난을 타개하기 위한 회의에서 이사 중 한 명은 '통합'unify을 말했고, 또다른 한 명은 '다양성'diversity을 강조했다. '우리는 게이와 레즈비언 공동체를 위해 존재하기 때문에 공동체의 정체성을 강화하며 사람들을 하나로 모아야 한다'는 관점을 가진 사람들은 연극에 이성애자 캐릭터가 등장하는 것을 불편하게 여겼다. '이성애자도 고려한 다양성'을 주장했던 사람들도 결국 '통합'의 관점을 수용하였는데, 캐릭터의 다양성이 아니라 직원의 다양성으로 통합을 국한했다. 즉 양쪽 입장 모두 공동체의 내부 결속에 무게를 두었다. 이들은 다양성과 함께 다문화주의나 인종차별철폐와 같은 친숙한 개념을 언급함으로써 극장이 명문화하고 있는 미션을 위반하지 않았지만, 조셉은 이 사례가 미션과 현실 담론의 극명한 대조를 보여준다고 평가했다.

공동체에서는 다른 정체성보다 동성애 정체성이 우선시되었다. 그러나 동성애자 정체성이 강조되면서 동성애자 내의 다양성이 고려되지 않는다는 비판도 있었다. 동성애에 대한 강조는 극장이 안정적이고 통일된 방향으로 유지되도록 하였지만, '백인 게이와 레즈비언'으로 대상이 제한되는 데 기여하기도 했다. 그 과정에서 양성애자나 트랜스젠더, 유색 인종 동성애자들은 배제되었다. 극 제작에 참여한 한 인터뷰 참여자는 자신이 '게이-레즈비언 공동체'가 아니라, '아프리카계 미국인 레즈비언 공동체에 속한다'고 말했다. 그는 스스로가 '아프리카계'임을 또렷이 확인했다. '게이-레즈비언'으로의 공통요소가 있음에도 불구하고 공동체에서 소속감보다 고립감을 느꼈다. 결국 공동체의식의 강화는 수많은 사람들을 배제하거나 침묵하게 했다.[125]

우리가 공동체를 하나로 엮는다고 생각하는 공통요소는 개인과 공동체가 가진 수많은 특수성 중의 하나일 뿐이다. 그런데 공동체가 꾸준히 유지되게 하려고 그 하나의 특수성만이 강조되고는 한다. 따라서 공동체의 지속 가능성을 도모하기 위해서는 오히려 공동체를 결집시키는 요소를 다시금 돌아봐야 한다. 공동체를 결집시킨다고 여겨지는 특수성이

---

125. Joseph, Miranda. 앞의 책. pp. 9-18(introduction).

공동체의 안과 밖을 나누는 객관적이고 절대적 기준이 된 건 아닌가? 그 특수한 공통요소를 강조하면서 안과 밖을 명확하게 경계짓는 것이 과연 공동체 성장에 유리한 전략인가? 하나의 특수성이 강조될 때, 배제되고 침묵하게 되는 이들은 없는가? 공동체 내에서도 소외와 배제가 발생한다면, 그 특수성을 여전히 공동체를 강화시키는 공통의 정체성으로 볼 수 있을까?

공동체의 안과 밖

현장에서는 공동체의 내부 결속력을 높이기 위해 새로운 참여자를 제한해야 한다는 입장도 있다. 공동체가 뭉치기 위해서는 서로의 가치와 방향이 공유되어야 하는데, 새로운 참여자는 기존 가치를 이해하지 못하거나 수용하기까지 오랜 시간이 필요할 수 있기 때문이다.

협동조합과 같은 공동체에서는 이와 같은 가치의 공유가 매우 중요하다. 협동조합은 분명한 목적을 공유한다는 점에서 친목 중심의 공동체와 다르다. 일반 기업체와도 확연히 구별되는 몇 가지 특징이 있는데, "공동으로 소유되고 민주적으로 운영되는 사업체"라는 점에서 오너 경영자 중심의 기업과 확연히 구별된다. 기업의 주식총회에서는 보유하고 있는 주식이 의사결정에 영향력을 미칠 수 있지만, 보통 협동조합의 총회에서는 모든 조합원의 1인 1표를 원칙으로 한다. 이익배당도 마찬가지다. 주식회사는 더 많은 수익을 내서 주주에게 배당하거나 주가 상승으로 연결하는 것을 사명으로 한다. 그러나 협동조합의 출자는 높은 배당금이 목적이 아니라 출자금을 자본으로 사업을 이어가는 데 목적을 둔다.[126] 단순히 이념적 공유만이 아니라, 기업의 운영과 사업을 수행하는 방식에 있어서 평등의 가치가 적용된다. 따라서 협동조합 내부로 발을 내딛기 위해서는 가치와 방식에 대한 이해(혹은 적어도 이해하려는 자세)가 필요하다. 그러나 원칙적으로 협동조합 진입에 허들은 없다. 국제협동조합연맹[ICA]은 조합원의 가입에 관하여 '성적 · 사회적 · 인종적 · 정치적 · 종교적 차별을 두지 않고 협동조합의 서비스를 이용할 수 있고 조합원으로서의 책임을 다하는 모든 사람에게 개방된다'는 점을 1995년 총회에서 협동조합의 1원칙으로 선언했다. 협

---

126. 협동조합과 일반 기업과의 차이에 대해서는 국제협동조합연맹(ICA) 회의에서 채택한 '레이들로 보고서'(A. F. 레이들로. 2015. 염찬희 역. 『21세기의 협동조합: 레이들로 보고서』. 알마)를, 우리나라 협동조합 제도 및 운영에 대한 사항은 〈한국 사회적기업진흥원〉에서 운영하는 협동조합 사이트(https://www.coop.go.kr/COOP)를 참조.

동조합의 가치를 공부하고 이해할 기회를 모두에게 제공한 셈이다.

새로운 참여자를 제한하는 닫힌 공동체는 내부 권력구도에 더 민감해지기도 한다. 마을 내 크고 작은 공동체를 만나는 마을공동체 중간지원조직 담당자들이 종종 하소연할 때가 있다. 공동체의 역사가 쌓이고 규모가 커지면 임원을 구성해서 운영하곤 하는데 언뜻 서로 잘 지내는 듯, 평화로운 듯 보인단다. 그러나 총회 끝나고 돌아가면서 담당자를 붙잡고 서로를 비방하고 헐뜯는 사람들이 제법 많다고 한다. '누구는 회장 자격이 안 되는네, 누구는 할 줄 아는 것도 없으면서 자리만 차지하고 있다'는 식으로 드러내놓고 권력다툼을 하는 사례도 있다. 구성원의 변화가 없으면, 안정적이긴 하지만 변화의 기회도 없다. 공직사회가 무능하거나 나태하다고 비판받을 때, 그 원인을 공무원은 '철밥통'이기 때문이라고들 말한다. 고여 있으면 안전주의와 관료주의가 만연할 수밖에 없다. 마을공동체도 마찬가지다. 폐쇄적 공동체는 새로운 시도도 어렵고, 내부에 일이 생겨도 "괜히 찍힐까 무서워" 말하지 못하기도 한다. 그런데도 공동체의 문을 걸어 잠그는 것이 정말 안전한 선택일까?

공동체는 필연적으로 공동체 안과 밖을 나눈다. 안과 밖이 대립되며 구분되기 때문에 공동체일 수 있다. 공동체 내부에서 이웃과 느끼는 친밀한 공통의식은 사회적으로 구성된다. 공동체에 속한다는 의식은 개인의 감정이지만, 감정이 만들어지는 과정은 사회적이다. 마을의 문제를 해결하기 위해 어울려 일하고 문제를 함께 경험하면서 해결을 열망하는 일종의 동류의식이 형성되기도 한다. 동네 공간을 함께 공유하는 구성원으로서 장소에 근거한 정체성을 확인하기도 한다. 그러나 사회적으로 형성되는 이와 같은 공동체라는 의식은 사회적으로 상상된 것일 수 있다. 이를테면, 행정적 편의에 의해 나누어진 공간 구획에 따라 마을공동체 지원사업이 이루어지고, 마을의 문제를 논의할 수 있는 주민공론장이 마련된다. 마을에서 공동체의식이 형성되는 범위는 행정구획과 무관하지 않다. 때문에 리브커 야퍼와 아나욱 더코닝은 마을이 "정치적 관행과 서사를 통해 형성되는 '상상된 공동체'의 축소판"처럼 작동한다고 보았다.[127] 상상되었다는 것은 객관적이고 절대적인 기준이 적용되지 않는다는 의미이기도 하다. 공동체 구성원으로 간주되거나 공동체 외부로 밀려나거나 그 경계는 정치사회적 구성물에 의해 만들어진다.

또한 안과 밖의 경계를 통해 공동체가 의미지어지고 만

---

127. 리브커 야퍼·아나욱 더코닝. 앞의 책. p. 71.

들어진다는 말을 다시 말하면, 안과 밖은 필연적으로 연결되었다는 의미이다. 공동체는 공동체 밖과 분리되어 존재할 수 없다. 아르준 아파두라이는 『고삐 풀린 현대성』의 '지역성의 생산'production of locality 부분에서 '문맥으로서의 동네' neighborhood as context를 말한다. '문맥'이라는 말은 동네에는 역사적 배경이 있다는 시간적 해석이기도 하고, 동네 밖으로의 연결과 확장이라는 공간적 의미이기도 한다. 아파두라이에게 동네는 지역성과 대비되는 개념이다. 그에게 동네는 지역성의 한계를 넘어 사회적 재생산의 가능성에 의해 특징지어지는 실존하는 공동체로 정의된다. 그가 공동체 대신 동네라고 표현하는 것은 "공동체와 중심–주변이라는 이미지"의 한계를 탈피하기 위한 것으로 보인다.[128] 다시 말해서, 공동체라고 할 때 자연스럽게 상상되는 '공동체 밖'에 대한 불편함이 있기 때문에 공동체community라는 말 대신 동네neighborhood라는 용어를 채택한 듯하다. 따라서 공동체라는 말이 갖는 단절적 한계를 고려하면서 아파두라이의 '동네'를 '공동체' 또는 '마을'로 대체해 읽어도 여기서는 크게 무리가 없을 것이다. 아파두라이는 동네를 "이미 다른 무언가에 대립하고 있으며 타자로부터 유래하는 것"이라고 설명하는데, "아무리

128. 아르준 아파두라이, 앞의 책, p. 357(미주 9장의 1).

안정적이고 정적이며 한세시어져 있거나 고립되어 있는 공동체라 할지라도" 사람들의 사회적 행동은 공동체를 연결시킨다.[129] 즉 공동체가 만들어지기 위해서는 다른 공동체와의 관계가 필수적이다. 공동체는 다른 공동체를 통해 존재한다. 그렇다면, 공동체를 지키기 위해서는 공동체 안의 결속을 강화하려는 노력보다, 공동체 밖과 어떻게 연결할 것인가의 고민이 더 중요하지 않을까?

공동체를 버려야 공동체가 된다

모리스 블랑쇼Maurice Blanchot는 '공동체'라는 말은 "버려야만 '적합한 것이 되는' 개념" 중 하나라고 말했다. 우리가 앞에서 살펴본 것처럼, 공동체는 한국사회에서 국가동원 아니면 지엽적인 학연, 지연 등으로 그 의미가 왜곡되었다. 이는 한국만의 상황은 아닌데, 일본의 군국주의, 독일의 나치즘, 이탈리아의 파시즘 등 전체주의의 흔적은 세계 곳곳에 있다. 이 때문에 블랑쇼는 공동체라는 말이 얼마나 오염되었는가를 지적하며, 우리가 이 용어를 "조용히 거부하거나 인정하

---

129. 같은 책. pp. 311-346.

지 않는 이유가 바로 거기에 있다"고 말한다.[130] 그러나 우리가 공동체에 대한 지금까지의 모든 기억을 싹싹 지우고 완전히 새롭게 의미를 구성해나갈 수는 없는 노릇이다. 블랑쇼의 '버린다'라는 표현은 기존 의미 위에서의 재구성이지, 온전히 새롭게 창조되어야 한다는 것이 아니다. 공동체라는 말이 얼마나, 무엇에 오염되었는가를 깨닫고 회복하는 것이 필요하다. 남북분단의 현실, 독재정권, 성장주도 경제 등과 같은 한국의 역사적 맥락 위에 공동체의 의미는 다시 만들어진다. 새마을운동이 오늘날의 마을공동체 사업과 다른지, 같은지 여부와 관계없이 공동체 만들기 정책이라는 점에서 연결지어 생각해야 한다. 이제 한국사회에서 공동체의 의미를 재구성할 기회는 공동체를 만들고자 하는 정책의 내용과 방법, 현장의 노력과 결과의 해석 등에 달려 있다. 마을공동체 사업을 통해서 만들어지는 공동체를 보면서, 사람들은 공동체가 무엇을 의미하는지 다시 개념화하게 된다.

그러나 우리가 앞서 살펴보았던 것처럼, 사업으로 만들어지는 공동체가 이상적이지만은 않다. 동네 친구들과의 다도 모임이나 비누 만들기 같은 취미 수준으로 진행되던 이웃 만

---

130. 모리스 블랑쇼. 2005. 박준상 역. "밝힐 수 없는 공동체". 『밝힐 수 없는 공동체. 마주한 공동체』(*La Communauté inavouable. La Communauté affrontée*). 문학과 지성사 p. 11-12.

들기를 넘어설 필요가 있다. 또한 어느 공동체 네트워크 출신인지 따지며 편 가르기가 시작된다면, 지역주의에 갇힌 공동체에 머물 뿐이다. 새로운 인물이나 모임의 등장을 견제하며 내가(혹은 내가 속한 공동체가) 한자리 차지하려는 생각은 공동체를 수단으로 여기는 욕심에 불과하다. 양적 성장에서 벗어나 삶의 질을 회복하는 공동체적 방법을 지향하는 정책의 레토릭이 현장에서 경제적 보상이나 마을 권력에 집중하면 이익집단과 다를 바가 없어진다.

내 삶의 문제와 욕구로부터 우리 사회의 문제를 함께 해결해나간다는 정책을 세우면 사람들이 공동체 활동을 통해 성장하고 의제와 공동체의 규모도 자연스럽게 확장할 것으로 우리는 예상했다. 규모와 의제의 확장은 자연스럽게 마을 정치와도 연결되니 마을공동체를 통해 성장한 개개인이 주민자치회와 같은 공적 기구나 주민공론장 혹은 협치사업의 참여자로 자연스럽게 유입되리라 기대했다. 그러나 현장의 참여자는 제한되었다. 낮에 마을에 남아 있는 여성, 전일제 일자리를 갖지 않았거나 동네에서 자영업을 하는 사람들, 육아 및 교육과 직결된 이해관계자 등이 현장의 중심이 되었다. 관계를 맺고 신뢰감을 쌓는 사회적 자본이 한편에서는 계속 쌓이는데, 다른 편에서는 내가 사는 마을에서 무슨 일이 일어나는지조차 모른다. 불균형한 사회적 자본은 우리 사회가 '모두의 민주주의'로 나아가는 데 어려움을 초래했다.

이와 같은 정책과 현장의 차이는 왜곡된 공동체 개념과 관련이 있다. 한국사회의 역사적 맥락에서 시민사회는 건강하게 성장할 기반을 충분히 마련하지 못했고, 공동체주의도 왜곡되어왔다. 공동체를 만들기 위해 효율성의 논리와 방법을 활용하는 모순이 발생한 것이다. 다른 한편에는 사회적 자본의 편중으로 배제의 구조가 형성되었다. 따라서 나와 내 이웃의 삶을 돌아볼 시간이 주어져야 하고, 이를 위해서는 노동영역을 비롯해 사회의 구조적 변화가 필요하다. 시민의식의 성장을 위해서는 정부 주도의 교육보다 시민사회 전반의 문화의 틀을 재조정하려는 시도가 시간은 오래 걸려도 더 확실할 수 있다. 시민사회에서 노력해야 할 일은 블랑쇼의 '버림'을 기억하는 것이다.

하나 더 버려야 한다. 블랑쇼가 오염된 의미를 벗어서 '버림'으로써 공동체에 적합해질 수 있다고 보았던 것처럼, 공동체의 현장도 '공동체를 버려야만 공동체가 된다.' 공동체의 울타리를 걷어내고 '우리'에서 나와야 한다. 공동체 만들기가 공론장으로 전망을 갖기 위해서는 '모두에게 열린 공open'을 실현해야 한다. 잘되는 공동체는 문이 늘 열려 있다.

마을에서 어린이놀이터를 운영하는 한 사회적협동조합에 최근 신규 조합원 3명이 들어왔다. 1년 넘게 아이와 놀이터를 다니며 살펴보면서 자연스럽게 함께 활동하고 싶다는 생각이 들어 조합에 가입 신청을 했다고 한다. 공동체의 규모를 확장하기 위해 3-4인의 공동체 여러 개를 엮는 네트워크 사업을 하지 않아도 현장에서 꾸준한 활동을 하는 공동체에는 새로운 사람들이 찾아와 문을 두드린다. 일단 공동체의 문이 열려 있어 누구나 들어올 수 있어야 의견을 나누며 유연하고 민주적으로 관계를 맺을 수 있다. 새로운 사람은 새로운 시각과 이야기를 가져온다. 지금까지는 내 아이 교육에만 관심이 있었지만, 공동체에 발달장애 부모가 들어오면서 느린 학습자에 대해 논의가 시작된다. 공동육아만을 생각했던 공동체도 '버려지는 장난감들을 보면서 어떻게 고쳐 다시 쓸 수 있을까' 하는 환경의 문제를 함께 고민하게 된다. 공동체의 개방성을 확보하는 것으로도 의제의 자연스러운 확장을 기대할 수 있다. '우리만의 공동체'라는 끼리끼리 문화를 버림으로써 '진짜 공동체'가 만들어진다. 공동체를 버려야 공동체가 된다.

7장

공동체 만들기,
어떻게 해야 할까?

| 오만 데를 다 댕겨요 |

마을공동체 활동가를 만나 "요즘 어떻게 지내세요?"라고 인사를 건넸다. 그는 씩씩한 목소리로 "아주 오만 데를 다 댕겨요."라고 대답한다. 그가 활동하는 공동체를 소개하는 자리도 있고, 활동을 다양하게 확장하면서 자연스럽게 여러 사람을 만날 일이 많아졌단다. '오만' 데를 돌아다니며, 여러 사람에게 '오만' 이야기를 들으니 '오만' 데 관심이 생기더란다.

서울시 마을공동체 지원사업에서 기대하는 '확장'의 사례다. 주변 이웃 몇몇과 하나의 관심에서 시작한 마을공동체 활동이 자연스럽게 다른 영역으로 관심사가 확장되고, 여러 사람들과 연결됨으로써 함께 어우러져 민주시민으로 성장한다는 밑그림이다. 원래 공동체는 온갖 것과 연결되어 있으니 운동이나 활동의 차원에서 보면 자연스러운 확장 사례다.

공동체는 낯선 것이 아니라 여럿이 함께 살아가는 삶 그 자체이기 때문에 우리가 살아가는 데 연결된 모든 것들이 공동체에 맞닿아 있다. 공동체는 여성, 어린이, 노인, 장애인, 성소수자 등 다양한 구성원들로 이루어지기 때문에, 그리고 그들이 처해 있는 상황이 취업준비생, 플랫폼 노동자, 경력단절 여성처럼 불안정하기 때문에 다양한 사회적 운동 흐름과 만날 수 있다. 공동체가 자리잡은 공간에 관심을 두면 개발과 환경 문제, 도시계획, 안전과 치안 등에 집중할 수 있다. 소박한 일상의 관심과 문제만이 아닌 거시적이며 추상적으로 느껴지는 담론도 우리의 삶과 접점을 이뤄 함께 논의될 수 있다. 경제, 기후위기, 인권 등도 주제로 삼아 활동을 모색할 수 있다. 저마다 삶의 모습은 다르지만, 삶의 환경을 공유하고 있기에 마을공동체는 몇몇 활동가들의 장으로 국한되지 않고, 모든 사람의 활동으로 확장될 수 있다.

'마을공동체 만들기'를 하나의 정책사업이나 특정한 정치적 실천으로 이해하면 현장의 실천도 한계에 직면할 수밖에 없다. 공동체를 만든다는 것은 삶에 대한 이야기를 함께하는 것이고, 공동체 활동은 삶과 관계된 온갖 것들에 대한 장을 여는 일이다. 때문에 우리는 어떻게 살기 원하는지를 서로 물어야 한다. 삶의 방향을 설정하여 내가 혼자 해낼 수 있는 것들도 있지만, 함께 바꾸어야 할 삶의 환경들도 있다. 어떻게 살아야 하는가의 시작은 내가 살아가고 있는 공간을 사색하는 것에서 출발할 수 있다. 그리고 '무엇을 어떻게 연결해야 하는가'에 대해 함께 고민하고 시도함으로써 성장할 수 있다.

마을을 새롭게 걷기, 마을 공간을 다시 쓰기

우리는 살면서 마을 곳곳을 걷는다. 아이들이 학교에 오가기 위해, 생필품을 사기 위해 마을길을 걷는 일은 특별할 것 없는 자연스러운 일상이다. 그러나 미셸 드세르토^{Michel de} ^{Certeau}에 따르면, 무의식적으로, 그리고 반복적으로 일상에서 이루어지는 '걷는다'라는 행위는 공간을 새롭게 구성하는 생산적 실천이기도 하다. 이 행위를 하나의 '실천'^{practice}으로 부르는 이유는 우리가 걷기를 통해 무언가를 말하고 있기 때문이다.[131] 마치 다른 사람과 대화하기 위해 소리를 내는 것과 같이, 걷기는 공간과의 말하기이다. 천천히 걸어갈지, 자전거를 탈지, 차를 탈지의 선택에 따라 같은 마을의 공간이지만 다른 속도와 풍경을 경험하게 된다. 걷기를 통해 공간을 받아들이고 이해하는 과정은 대화를 통해 타인을 알아가듯 이루어진다. 학교까지 가는 지름길은 어디인지, 밤에 버스정류장에서 집으로 향할 때 안전한 길은 어디인지 생각하며 걸을 수 있는 것은 마을 공간을 온전히 나의 것으로 해석하는 전유^{專有}의 시간이 축적되었기 때문이다. 일상에서 마을을 걷는 아주 사소한 선택들, 이를테면 버스정류장까지 갈

---

131. 미셸 드세르토, 2005, "도시 속에서 걷기", 『문화, 일상, 대중』, 한나래, p. 155-182.

때 큰 도로를 따라갈지, 상가를 마주하는 뒷길을 걸어갈지, 혹은 끼니거리를 사기 위해 재래시장에 갈지, 대형 마트로 갈지, 아니면 걷기보다는 온라인 주문으로 해결할지 등과 같은 사소한 선택들은 공간을 새롭게 구성하는 실천이 되기도 한다.

깨닫지 못하였을 뿐, 우리는 일상에서 마을의 공간을 새롭게 구성하고 있다. 아파트나 학교를 드나드는 문이 있지만, 시간이 지나면 여러 발자국이 지나간 곳에 샛길이나 개구멍이 생긴다. 건물이나 공간을 설계한 사람의 의도와 다른 길을 우리가 만든 깃이다. 많은 사림이 여러 차례 지니기며 만들어낸 길은 공간의 질서를 다시 세운다. 드세르토가 주목하는 부분은 바로 이처럼 다수의 행위자가 만드는 '권력을 거스르는 힘'이다.

공간구조에 따라 드나드는 길이 정해지듯 제도 권력은 사람들 행위를 적절한 수준으로 제한한다. 권력이 공간에 불어넣은 힘을 적나라하게 보여주는 예로 파놉티콘panopticon을 들 수 있다. 공리주의자로 유명한 제레미 벤담Jeremy Bentham이 고안한 파놉티콘은 감옥에서 소수의 간수가 다수의 죄수를 효율적으로 감시하기 위해 만들어졌다. 푸코는 중앙에 감독실을 두고 간수 자신은 모습을 드러내지 않으면서 모든 독방의

출입구를 볼 수 있는 벤담식의 파놉티콘, 혹은 반원형의 감옥, 십자형의 도면 또는 별 모양의 배치 공간 등을 들어 다수의 죄수를 통제 가능한 상태로 만든 예라고 보았다. 죄수는 간수가 눈에 보이지 않아도 자신을 감시하리라는 것을 알기에 스스로의 행동을 통제한다.[132]

그러나 드세르토가 주장하듯 역전의 힘이 작동할 가능성도 있다. 거대한 권력이 공간에 불어넣은 힘에 대항하는 다수의 힘이 존재하기 때문에 정부가 공간을 장악하여 개개인을 감시하고 지도하려는 파놉티콘 전략은 일방적으로 실현되기 어렵다. 전방위적으로 공간을 감시하는 통치 체계에 다수가 공간을 새롭게 걸으며 샛길을 내고 개구멍을 만듦으로써 공간을 비틀 수 있기 때문이다. 결국 우리의 걸음, 단순히 걷는다는 행위 그 자체는 은유적 표현이 아니라 무언가를 말하는 일종의 '발화'utterance 행위에 견줄 수 있으며, 나아가 의도된 방식과 질서를 전복시키는 창조적인 행위가 되기도 한다.

우리는 걸으며 마을의 공간을 새롭게 구성할 수 있다. 권력의 억압에 대항하는 힘을 결집시키기 위해 마을 공간을 권력으로부터 재창조하자는 목표로 지역운동 단체를 만들거나 시위를 하자는 것이 아니다. 오히려 드세르토의 맥락에서

---

132. 미셸 푸코. 오생근 역. 2011(1975). 『감시와 처벌: 감옥의 역사』(*Surveiller et punir : naissance de la prison*). 나남출판. pp. 376-384.

새로운 길을 만드는 다수의 실천은 사회운동과는 거리가 있다. 변화를 끌어내는 힘의 주체는 '미생물 병원균과 같은 다수'이다. 운동의 목표를 달성하기 위해 조직화된 단체를 말하는 게 아니다. 무질서하게 보일 수도 있으나 이들이 우글우글 무리를 지으며 만들어내는 활동들이 마을을 재의미화할 수 있다.

공간에 부여된 의미를 뒤틀어 재구성하기 위한 전략의 시작은 '걷기'이다. 독일의 철학자 발터 벤야민 Walter Benjamin 은 일상적인 마을의 공간을 새롭게 바라보며 관심을 갖고 걷기 실천을 하는 이들을 도시의 산책자 flâneur 로 불렀다. 벤야민에게 산책자는 프랑스 파리의 근대성을 재현하는 존재이자 공간을 거닐며 탐색하는 이들이다. 여행자는 공간의 특별하고 거창한 의미에 몰두하지만, 산책자는 일상의 공간에 머문다. 노숙인은 경찰의 단속과 감시를 피해 안전하게 머물 곳을 찾아 단지 이동하지만, 산책자의 이동은 공간을 전유하고 해석한다. 즉 산책자는 마을의 공간을 내 것으로 온전히 가져올 수 있다.

마을공동체 만들기가 단지 이웃 만들기에 그친다면 한쪽 기둥만 세우고 지붕을 얹은 것과 같다. 앞서 공동체의 필요 요소로 장소성을 살펴보았듯이, 공동체의 지속 가능성을 위해서는 마을 공간을 거닐며 전유하고 재구성할 필요가 있다. 단순화시켜 생각하면, 친밀한 이웃 간의 관계가 형성되었을 때 이들이 편안하게 모일 수 있는 장소가 마을 안에 있다면 공동체가 더 탄탄하게 다져질 수 있을 것이다. 리브커 야퍼와 아나욱 더코닝은 이 과정을 '공간'space이 '장소'place로 변모하는 과정으로 설명한다. 일반적으로 공간이 추상적인 현상으로 이해되는 반면, 장소는 우리의 경험에 의해 변형되고 의미로 가득 찬 "공간의 경계지어진 형태"bounded form of space이다[133]. 우리가 마을을 거닐며 산책자가 된다는 것은 바로 마을의 공간이 실질적인 경험과 구체적인 의미로 채워지는 장소가 되는 과정이다.

마을공동체 현장에서는 자연스럽게 일상에서 이루어졌던 마을 걷기에 더욱 관심을 갖는 시도들이 있다. 마을공동체나 마을계획, 도시재생 등의 사업 초기에는 '마을지도 만들기'를 하곤 하는데, 지도를 만들기 위해 참여자들은 익숙한 마을 골목 구석구석을 낯선 시선으로 다시 돌아본다. 지도에는 아이들이 자주 가는 떡볶이집, 소모임하기 좋은 카페, 길고 양이를 자주 만날 수 있는 곳 등이 그려진다. 주민자치회 교육 프로그램으로 '마을 걷기'를 하는 행정동도 있다. 뻔히 아

---

133. 리브커 야퍼 · 아나욱 더코닝. 앞의 책. pp. 53-54.

는 공간이지만 다 같이 둘러보면 색다르게 다가온다고 한다. 그때서야 가로등이 없어 밤에는 돌아가게 되는 골목길이 어디인지, 사람들이 슬쩍슬쩍 쓰레기를 버리는 구석이 어디인지를 발견한다.

걷는 것일 뿐이다. 정부의 도시계획으로 이루어진 길을 걸으며, 교통도 불편하고 접근성도 떨어지는 후미진 곳에 왜 장애인시설이 위치해 있는지의 문제를 생각해볼 수 있다. 인도와 차도 구분이 없는 곳에서 아이 손을 잡고 유치원 버스를 기다리는 부모들을 보며, 마을 공간을 어떻게 배치할 때에 너욱 안전할지 상상해볼 수도 있다. 권력에 대항하는 힘으로서의 걷기는 무심코 이루어지던 마을 걷기를 낯설고 새롭게 하는 것이다. 목적지에 다다르기 위해서만 걷던 길을 온전히 내 것으로 가져올 수 있고, 마을 공간을 어떻게 다시 쓸 것인지 그려볼 수 있다. 어떤 마을공동체를 만들어야 할까, 나는 어떤 마을공동체에서 살고 싶은가. 마을을 걷는 사색에서부터 답을 찾아나갈 수 있다.

마을공동체를 기록하기

특별한 박물관에 다녀온 적이 있다. 박물관이라기에는 너무 작은, 폐교의 교실 한 칸을 전시실로 만든 박물관이다. 전시실 안쪽에는 농기구나 고가구, 동그랗게 불거진 손잡이를 돌려서 채널을 바꾸는 옛날 텔레비전이나 요즘 보기 힘든 괘종시계가 있다. 그 옆으로는 오래되어 빛바랜 문서도 보이고 다소 긴장한 표정으로 찍은 흑백 가족사진도 있다. 짚으로 만든 소쿠리 같은 것을 보면 여느 생활사박물관인가 싶기도 하다. 그래도 뭔가 역사적으로 가치 있는 사료인가 싶어서 전시된 물품에 얼굴을 가까이 가져가면, 눈에 들어오는 것이 있다. 시골 농가나 장터에서 잘 찾으면 볼 수 있을 만한 소쿠리 옆에는 흰 종이에 설명이 적혀 있다. "나 시집올 때 울 엄마가 준 거"라는 글귀가 틀린 맞춤법에 삐뚤빼뚤한 글씨로 적혀 있다. 여느 박물관의 전시품에서 볼 수 없는 설명이다.

충북 진안군 동향면 학선리 봉곡마을에 있는 〈학선리 마을박물관〉이다. 서울 구로공단에서 목회활동을 하던 부부(이재철, 박후임 씨)가 학선리로 귀농을 하면서, 처음에는 농한기에 마을 어르신들에게 한글을 가르쳐드리는 활동부터 시작했다 한다. '행복한 노인학교'라는 이름으로 한글반 외에도

시집올때 입마개 인절미 담아왔다
폐백 올때 떡 이로 입맞아 준다

시집 사리 할때 잔소리 하지마라
고 방패 하는 것이다

@이재철

학선리 마을박물관에 전시된 소쿠리.
시집올 때 입마개 떡을 담아온 소쿠리라며 고된 시집살이를 익살스럽게 표현하고 있다.

컴퓨터반, 도예반, 미술반, 요가반, 연극반, 짚풀공예반 등을
2008년부터 운영했는데, 부부 외에도 귀농·귀촌한 이들이
함께 자원봉사에 참여했다. 농촌 마을에서는 그곳에 거주한
지 이삼십년이 지나도 여전히 '거 광주 양반', '저기 서울 새
댁'으로 불린다. 실제로 귀농·귀촌인이 지역에 스며들기가
어렵다보니 지역 토박이들의 공동체와 귀농·귀촌인의 공동
체가 마을에 따로따로 만들어지는 경우도 많다. 그런데 노인
학교 프로그램을 통해 학선리에서는 마을 토박이 어르신들
과 귀농·귀촌한 이들이 자연스럽게 어우러질 수 있었다고
한다.

노인학교가 기반이 되어, 마을에 박물관을 만들어보자는 제안도 나왔다. 처음에는 '이게 뭐 박물관에 둘만 한 거냐' 하며 부끄러워하시던 어르신들이 나중에는 기증하고 싶은 물품들을 가져오셨다. 오랫동안 사용해서 손때가 묻은 것들, 투박하지만 직접 만든 것들, 기념으로 기억하고 싶어서 보관했던 것들이 모이기 시작했다. 시집올 때 가져온 소쿠리처럼 물건에는 저마다의 이야기가 있었다. 그 이야기를 노인학교에서 배운 한글로 또박또박 적어서 함께 전시했다. 작은 박물관이지만 방문객은 꽤 많다. 주민들의 힘으로 만든 박물관을 구경하기 위해 나처럼 타지에서 견학 오는 사람들도 제법 된다. 어르신들은 내 집에 있던 별것 아닌 물건이 박물관에 전시된 것이 좋아서 다니러 오시고, 방학이나 명절 때는 손주와도 함께 찾는다. 별도로 교육받지 않았어도 기증한 사람이 누구이고, 무슨 이야기가 깃든 물건인지 다 아는 어르신들이 자연스레 큐레이터가 되신다. 마을의 과거와 현재, 그리고 미래가 담겨 있는 공간에서 농촌과 도시 사람이 만나고 어른과 아이가 함께 소통한다.[134]

　　만약 이 박물관을 지자체에서 주도해서 만들었다면 어떤

---

134. 박물관에 대한 정보는 다음 링크에서 자세히 확인할 수 있다.
　　이재철 관장이 직접 운영하는 다음까페 "하늘소리 땅울림"(http//cafe.daum.net/huim1209); 디지털진안문화대전-학선리 마을박물관(http//jinan.grandculture.net/jinan/dir/GC05801526)

모습이었을까. 그럴듯한 현판 옆으로는 마을 연표가 걸려 있지 않았을까. 마을 인구가 어떻게 되고, 면적이 어떠한지 안내문이 걸리기도 했을 것이다. 선별 과정을 거쳐 기증받은 물품을 선택하고, 그 과정을 거친 작품 옆에는 기증자와 물품에 대한 작품설명서가 잘 인쇄되어 걸렸을 것이다.

학선리 외에도 전국에는 저마다 특색 있는 마을박물관이 있다. 서울시 종로구 〈이화동 마을박물관〉, 인천 미추홀구의 〈토지금고박물관〉, 〈독정이마을박물관〉, 동구의 〈배다리성냥마을박물관〉, 경북 영천시 〈우리동네 마을박물관〉 등이다. 〈학선리 마을박물관〉처럼 주민들이 힘을 모아 만든 곳도 있고, 지자체나 지역 시민단체 등이 주도한 사례도 있다. 이들 박물관에 '마을'박물관이라고 이름을 붙인 이유는 단순히 마을에 위치하고 있어서, 혹은 마을의 물품이 전시되었기 때문만은 아니다. 마을에서 살아가는 일상적인 모습을 공유함으로써 사람과 사람을 연결하고, 시대와 시대를 연결하는 의미가 이 공간에 담겨 있기 때문이다. 마을 사람들의 이야기 없이 박물관이 위치한 장소성이나 전시품의 가치를 논할 수 없다. 마을박물관에는 사람들의 삶이 담겨 있다. 마을을 기록하고 전시하는 박물관에서 마을은 계속 이야기된다.

마을박물관 외에도 마을공동체에서는 다양한 방법으로

마을을 기록한다. 마을공동체기록관을 만들기도 하고, 책을 펴내기도 하며, 온라인에 자료를 차곡차곡 아카이빙하는 곳도 있다.[135] 기록의 내용도 다양하다. 우리 마을에 사는 사람들의 소소한 이야기를 담고자 생애구술사 기록을 하기도 하고, 마을 토박이 주민을 통해서 마을 역사에 대한 이야기를 채록하기도 한다. 그리고 마을공동체 사업 활동을 모아두기도 한다.

하지만 현장에서 기록은 만만치 않은 작업이다. 활동하기도 바쁜데 기록을 하려면 신경 써야 할 것이 많다. 활동 사진만이라도 찍어서 한곳에 잘 저장해놓으시라 해도 활동가들의 연령대가 높으면 그마저도 부담스러워하신다. 기록을 위한 시간이나 기술의 문제이기도 하지만, 기록이 우리 공동체에 어떤 의미가 있는가를 생각해볼 기회가 없었던 까닭도 있다. 〈학선리 마을박물관〉에서 어르신들에게 '박물관에 놓을 만한 물건을 가져다주세요'라고 했으면 집에서 쓰던 소쿠리를 가져오셨을까? 더 깨끗하고 값어치 있어 보이는 물건들

---

135. 서울시 내 마을공동체 기록은 다음 자료를 참조.
  서울마을센터 마을기록 관련 발간물: http://seoulmaeul.org/programs/user/board/data/index.asp
  서울 마을이야기 Vol. 93호 〈기록 X 마을공동체〉 다시보기: http://www.seoulmaeul.org/programs/user/board/webzin/index_cover.asp?index_pageno=2&cover_idx=102

로 박물관이 채워졌을지도 모른다. 마을박물관에서 풀어내고 싶은 이야기는 어르신들이 살아왔던 이야기였기에 손때 묻은 생활용품들이 박물관에 놓일 수 있었다. 기록은 객관적이지 않다. 기록은 하나의 주관적 이야기이다. 박물관에 어떤 물품을 전시하는가도 일정한 관점이 반영된다. 사진 한 장에도 찍는 사람이 카메라 프레임 안에 담고 싶은 이야기가 있다. 무엇을 중심에 두었는지, 어디까지 보여주었는지 등은 사진작가가 하고 싶은 이야기이다. 마을공동체의 이야기를 계속할 수 있다는 점에서 기록도 하나의 공동체 활동이다. '우리 공동체는 기록물을 통해(그리고 기록하는 과정에서) 무엇을 이야기하고 싶은가' 하는 방향이 먼저 설정되어야 한다.

익숙한 공동체를 향해 질문하기

마을을 걸으며 사색하고, 마을의 이야기를 기록하는 일은 마을공동체 안에 속해 있으면서 스스로 낯설게 보며 점검하는 기회가 된다. 마을공동체 만들기는 사업으로 제도화되면서 공동체에 관한 관심을 환기시켰다. 그러나 도시에서 이웃 간의 관계를 맺어나가며 서로의 필요를 채우는 활동에서부터 더 넓은 공동체적 의제에 대한 민주적 참여로 나아갈 것이라는 정책구상의 정합성은 다시 생각할 필요가 있고, 운동의 제도화가 낳은 의도하지 않은 결과에도 직면해야 한다. 사회의 구조적이며 문화적인 배제의 장벽으로 인해 누군가는 공동체에 진입할 기회조차 얻지 못한 것은 아닌지, 지역 내 기존 권력의 반목과 그들 간의 연대가 새로운 주체의 등장을 제한하는 것은 아닌지, 우리의 공론장은 모두에게 열려 있고 실제적 토론이 이루어지는 공간인지, 민주적 시민이 성장할 수 있는 사회 만들기에 대해 우리는 얼마나 고민하고 있는지 등 질문을 계속 던져야 한다.

삶의 질을 회복하기 위한 공동체 만들기가 왜곡되는 현장의 문제를 발견하고 문제의 본질을 이해하며 그 해결을 모색하는 과정은 익숙한 공동체를 낯설게 보는 시각을 통해 가능하다. 이는 마치 인류학자의 시선과도 같다. 인류학자가 연구 현장을 알기 위해 낯선 환경에 들어가 관계를 형성하는 것처럼, 공동체를 알기 위해서는 일단 공동체에 들어가야 한다. 당장 지역단체에 가입원서를 내고 활동하라는 의미가 아니다. 걷기를 통한 사색으로 시작해도 충분하다. 인류학자는 낯선 환경이 익숙해지면서, 다시 낯설게 보는 전략을 펼친다. 환경에 익숙한 사람들은 당연하다고 생각하고 무심코 넘기는 지점을 질문한다. 환경의 밖에서 경험해보지 않은 사람들이 던지는 의문이나 비판은 현장에 대한 이해가 부족한 탓에 설득력이 떨어질 수 있지만, 현장을 경험한 사람의 질문에는 힘이 실린다. 현장에 몸을 담고 있으면서 동시에 외부자의 시선으로 '왜'를 물어야 한다.

아파두라이는 지역적 주체는 "새로운 문맥들(물질적, 사회적, 상상적인)이 생산될 수 있는 잠재력"이 있다고 본다. 즉 공동체에 소속된 사람들의 사회적 활동이 환경과 조건을 변화시키는 역사적 주체라는 점을 강조한다. 그가 말하는 사회적 활동은 대체로 부의식적으로 하는 예측할 수 없는 활동이다.[136] 드세르토가 무의식적이며 반복적으로 여겨지는 걷기를 통해 권력의 질서를 재편할 수 있다고 보았던 것도 비슷한 맥락이다. 그러나 걷는다는 행위는 공간을 낯설게 보며 다시 의미화하고 새롭게 창조해내는 활동이라는 점에서는 적극적인 활동이다.

나아가 뚜렌[A. Touraion]의 주장처럼 의식적이며 의도적인 질문들도 중요하다. 사회구조의 변화를 위해서는 '사회계급의 이중 변증법'[double dialectique des classes sociales]이 필요하다. 지배와 억압의 측면을 보이는 지배계급이 지도계급으로, 개별 이익

---

136. 아르준 아파두라이, 앞의 책, p. 323.

을 추구하는 방어계급이 새로운 이의제기계급으로 전환됨으로써 미래사회를 향한 새로운 역사성을 제시하는 창조적인 상호갈등 상황이 펼쳐질 수 있다.[137] 이의제기를 통해 상위체계에 압력을 가하는 시민이 되기 위해서는 이성적이며 합리적 소통능력을 지닌 공동체 구성원들이 공론장에서 만들어내는 여론의 힘이 필요하다. 지배 권력에 대한 성찰과 비판이라는 도전적 주제를 다루는 시민들 속에서 여론이 형성되고 민주주의가 실현될 수 있다.

따라서 공동체 속에서 공동체를 향해 질문하는 사람들이 중요하다. 무의식적인 활동을 의식적으로 검토해야 한다. 우리의 일상에서 행해지는 무의식적인 활동과 그 활동을 유도하는 맥락에 은폐된 권력의 힘은 없는지 이의를 제기해야 한다. 자유롭고 평등하며 개방적이어야 할 공론장이 "효율성, 과시적 형식성, 경제성, 이윤의 원리로 대체"되지는 않는지 익숙한 현장을 낯설게 보며 물어야 한다.[138] 쉽게 넘길 수 있는 평범한 사안에 질문을 던지는 일은 때로 모두에게 피곤하고 고단한 일로 여겨진다. 그러나 공동체를 낯설게 보며 힘겹게 던진 질문을 막아서면, 우리는 '말할 수 없는 공론장'

---

137. 정수복. 1998. "알랭 뚜렌의 비판사회학: 노동사회학에서 사회이론까지." 『경제와사회』. 39: 114-118.
138. 하상복. 앞의 책. p. 57.

의 함정에 빠진다. 모두가 '예'라고 말하기 때문에 아무런 문제가 없는 듯 보이지만, 고립과 정체, 아집과 독선은 결국 공동체를 좀먹는다. 공동체는 자유로운 비판적 자기성찰의 공간이 되어야 한다. 공동체의 문제와 한계를 넘어서는 기회는 이렇게 낯선 시각으로 계속 질문할 때 찾아온다.

공동체의 감수성

초판 1쇄 발행 2022년 11월 5일

지은이 구현주
펴낸이 안병률
펴낸곳 북인더갭
등록 제396-2010-000040호
주소 10364 경기도 고양시 일산동구 고봉로 20-32, B동 617호
전화 031-901-8268
팩스 031-901-8280
홈페이지 www.bookinthegap.com
이메일 mokdong70@hanmail.net

ISBN 979-11-85359-46-5 03330

* 이 책은 한국출판문화산업진흥원의 '2022년 인문 교육 콘텐츠 개발 지원 사업'
  을 통해 발간된 도서입니다.